AF235488

# Das Gründer Lexikon

Deutsch – Start-up

Start-up – Deutsch

Das Unternehmer ABC für Manager & Entscheider

By Tom Illauer

**Bibliografische Information der Deutschen Nationalbibliothek:**

Die Deutsche Nationalbibliothek verzeichnet diese Publikation in der Deutschen Nationalbibliografie; detaillierte bibliografische Daten sind im Internet über http://dnb.dnb.de abrufbar.

**Herstellung und Verlag:**

BoD – Books on Demand, Norderstedt

ISBN: 978-375-263-992-6

# Inhaltsverzeichnis

Über den Autor: .................................................... 15

Vorwort: ............................................................... 16

A / B Test (auch Split-Test genannt) ................. 18

ABC-Analyse ...................................................... 18

Arbitrage Modell ............................................... 19

Accelerator ........................................................ 19

Added Value ...................................................... 20

Additiv ............................................................... 21

Adtech ............................................................... 21

Advertiser ......................................................... 22

Affiliate ............................................................. 22

Agilität .............................................................. 23

Agio ................................................................... 23

Algorithmus ...................................................... 23

Amortisation ..................................................... 24

API ..................................................................... 25

APV Verfahren ................................................... 25

ASIN ................................................................... 26

Asset Deal ......................................................... 26

Ausgründung ..................................................... 27

Avatar ............................................................... 28

B2B ........................................................................ 28

B2C ........................................................................ 29

B2C2B ................................................................... 29

Backend ............................................................... 30

Benchmarking ..................................................... 30

Best Practice ...................................................... 31

Big Data ............................................................... 31

Bilateral ............................................................... 32

Bitcoin ................................................................. 32

Blockchain .......................................................... 33

Board ................................................................... 34

Bootstrapping .................................................... 34

Bot ....................................................................... 35

Bounce Rate ....................................................... 35

Brand Management ............................................ 36

Break Even Point ............................................... 37

Bridge Finanzierung ......................................... 37

Briefing ............................................................... 37

Bundesanzeiger ................................................. 38

Burn Rate ............................................................ 38

Business Angel ................................................... 39

Businessplan ...................................................... 40

Buy and Build ............................................ 41

Carry ...................................................... 41

Capex ..................................................... 42

Cap Table ................................................ 43

Cashflow ................................................. 43

Corporate Design ...................................... 44

CEO ....................................................... 45

CFO ....................................................... 45

Change-Management .................................. 45

Cheffing.................................................. 46

Churn ..................................................... 46

CIO / CTO ................................................ 47

Closing.................................................... 48

Cluster.................................................... 48

CLV ....................................................... 49

CMS....................................................... 49

Co-Founder .............................................. 50

Commitment............................................. 51

Competetiv .............................................. 51

Compliance .............................................. 51

Community .............................................. 52

Content ................................................... 52

Conversion ............................................................ 53

COO ..................................................................... 54

Cookie ................................................................. 54

Copycat ............................................................... 55

Core Update ......................................................... 56

CPA / CPO / CPL / TKP ........................................ 56

CPC ..................................................................... 57

Cram Down .......................................................... 57

Crawlen ............................................................... 58

CRM ..................................................................... 59

Cross-Selling ........................................................ 60

Crowdworking ...................................................... 61

CTA ..................................................................... 61

CTR ..................................................................... 62

Daily activ User .................................................... 62

DAM ................................................................... 63

Dashboard ........................................................... 63

Deal Flow ............................................................ 64

Deep Work ........................................................... 64

Delisting .............................................................. 64

Design Thinking .................................................... 65

Digitaler Darwinismus .......................................... 65

Digitaler Nomade..................................................66

Direct to Consumer..............................................67

Display Ad ..........................................................67

Disruption ..........................................................68

Domain ..............................................................68

Down Round ......................................................69

Drag Along .........................................................70

Dropshipping ......................................................70

Due Diligence......................................................71

Duplicate Content................................................72

Early Adaptors ....................................................73

Early Stage .........................................................73

Earned Media .....................................................74

EBIT / EBITDA......................................................75

Eigenkapital .......................................................75

Elevator Pitch......................................................76

Emerging Growth.................................................76

Employee Value Proposition .................................77

Engpass ..............................................................78

Entanonymisierung..............................................78

ESOP..................................................................79

Equity Story........................................................79

Exit ......................................................... 80

Exponentielles Wachstum ..................... 80

Factoring ................................................ 81

Family Office ........................................ 82

Feel Good Manager ............................... 82

Femtech ................................................ 83

Fintech .................................................. 84

First Mover ............................................ 84

First Order Profitabilität ....................... 85

Flipping ................................................. 86

Fragmentiert ......................................... 86

Franchise ............................................... 86

Freelancer ............................................. 87

Freemium .............................................. 88

Forecast ................................................ 88

FTE ........................................................ 88

Fuck Up Night ....................................... 89

Funnel ................................................... 89

Gamification ......................................... 90

Get Together ......................................... 91

GMV ...................................................... 91

Going Public .......................................... 92

H1 ................................................................... 93

Hackathon .................................................... 93

Healthtech .................................................... 94

Hidden Champion ......................................... 94

Hiren ............................................................. 95

ICO ............................................................... 95

Inkubator ...................................................... 95

Insuretech .................................................... 95

IOT ............................................................... 96

IPO ............................................................... 97

Jobhopper ..................................................... 97

Jour Fix ......................................................... 97

Kaufkraft ...................................................... 97

Keynote ........................................................ 98

Kickstarter .................................................... 98

KPI ............................................................... 98

Kundenzugang .............................................. 99

Kuration ....................................................... 99

Launch .......................................................... 100

Leadgen ........................................................ 100

Leadinvestor ................................................. 101

Lean Start-up ................................................ 101

Legaltech.................................................. 102

Letter of intent ..................................... 102

Lineares Fernsehen.............................. 103

Liquidationspräferenz......................... 103

Long Tail............................................... 103

Lookalike Audience.............................. 104

Make or buy.......................................... 105

Management buy out ........................... 105

Media Equity......................................... 106

Metasuchen........................................... 106

Mezzanine Finanzierung...................... 107

MOM (Month over Month Growth)..... 107

Monetarisieren..................................... 107

MRR & ARR ........................................... 108

Multiple ................................................ 109

MVP ....................................................... 109

NDA........................................................ 110

Negativ SEO .......................................... 110

Net Promotor Score............................. 111

Netzwerkeffekt..................................... 111

OKR ........................................................ 112

OPEX ...................................................... 112

Opportunität ............................................. 113

Organische Suche ..................................... 113

Out of Home ........................................... 113

Owned Media .......................................... 114

Owner cost .............................................. 115

Pagespeed .............................................. 115

Paywall .................................................. 116

Pareto (das dreifache Pareto-Gesetz) ............... 117

PESTEL ................................................... 118

PIM ....................................................... 118

Pitch ..................................................... 119

Pitch Deck .............................................. 119

Pivot ..................................................... 120

Point of Sale (POS) .................................... 121

Pre-Money .............................................. 121

Preisbot ................................................. 121

Proptech ................................................ 122

Psychografisch ......................................... 122

Pull und Push Marketing .............................. 123

Retargeting ............................................. 123

Right of first refusal (ROFR) .......................... 124

ROAS / ROI .............................................. 124

Roadmap ............................................................. 125

ROPO ................................................................. 125

Run Rate ............................................................ 125

Run Way Rate ....................................................... 125

SAAS ................................................................. 126

Sales and Lease Back ............................................... 126

SEA .................................................................. 127

Secondary ........................................................... 128

SEO .................................................................. 129

Sidepreneur ......................................................... 130

Social Proof ........................................................ 130

Solopreneur ......................................................... 131

Spin-offs ........................................................... 131

Sweat Equity ........................................................ 132

SWOT ................................................................. 132

Term Sheet .......................................................... 132

Testimonials ........................................................ 133

Track Record ........................................................ 134

Unicorn ............................................................. 134

Usability ........................................................... 135

USP .................................................................. 135

Vakant .............................................................. 136

Vendor ..................................................... 136

Vesting Klausel...................................... 137

Wandeldarlehen ................................... 137

Wegezoll ............................................... 138

White Label........................................... 138

WKZ....................................................... 139

Danke.................................................... 139

# Über den Autor:

Tom Illauer ist 31 Jahre alt, als er sein drittes Buch schreibt. Sein erstes Buch konzentrierte sich auf die größten Engpässe von Unternehmen, das zweite Buch „Deep Work vs. New Work" um die Optimierung von erfolgreichen Unternehmen und Produktivität, dieses Projekt hilft Unternehmern dabei, die Sprache von Start-ups, Gründern, Investoren und der Generation Entrepreneur zu verstehen. Nicht nur, dass die Begriffe genauestens erklärt werden, es werden auch Praxisbeispiele publiziert sowie direkte Handlungsempfehlungen für Unternehmen adressiert.

Herr Illauer ist gelernter Bankkaufmann, Autor, Podcaster, absolvierte sieben Jahre lang nebenberuflich zu seiner Vollzeittätigkeit als Manager, samstags die Studien Bankfachwirt, Bankbetriebswirt und Diplom Betriebswirt.

Hauptberuflich und als Passion leitete er mit nur 23 Jahren das Marketing und den Vertrieb eines Industriesoftwareunternehmens, mit 26 Jahren das Marketing eines ex-börsennotierten Unternehmens in der Gesundheitsbranche mit 500 Millionen Jahres-Außenumsatz und aktuell mit 31 Jahren das Marketing eines deutschlandweiten Konzerns mit acht Unternehmen, 80 Filialen, 2.000 Mitarbeitern und 250 Millionen Jahres Außenumsatz. Nebenberuflich unterstützt er Investoren als Due Diligence Marketing Gutachter und ist an unterschiedlichen Leadgen Plattformen beteiligt.

Privat liebt er es, Zeit mit seinem Hund zu verbringen, bis zu neunmal pro Woche Sport zu treiben (Rad, Kraft- und Kampfsport) und mit smarten Leuten coole Projekte aufzubauen. Weitere Informationen finden sich unter **www.tom-illauer.de**

# Vorwort:

Liebe Unternehmer,

dass Sie sich dieses Buch gekauft haben, sagt mehr über Sie aus, als Sie denken. Es zeigt mir, dass Sie den Faktor Zeit als Währung anerkennen, denn es dauert Jahre bis man eine neue Sprache nicht nur verstehen kann, sondern sie auch korrekt anwendet. Neue Sprache denken Sie jetzt? Ja, denn „Start-up" ist eine neue Sprache, kein Dialekt, keine verbale Stenografie und kein Neologismus.

Wer mit Gründern und Investoren spricht, der lernt schnell, dass es eine Vielzahl an Begriffen gibt, die im Duden nicht vorkommen. Begriffe aus dem Englischen mit neuen Interpretationen und mit essenziellen Bedeutungen für operative Geschäftsmodelle. Wer verstehen möchte, wie Gründer denken, wie sie disruptive Wertschöpfungsketten etablierter Börsenunternehmen angreifen und warum Online Marktplätze anfangen, lokale physische Filialen eröffnen, respektive warum Hersteller den direkten Kundenzugang beanspruchen, der muss sich zuerst mit der Sprache vertraut machen.

Als ich als Keynotespeaker von einem internationalen Möbelhersteller gebucht wurde, erfuhr ich einen AHA-Effekt. In meinem Vortrag ging es um Leadgen-Abitrage-Modelle, um AB-Test Agilität, um Kundenavatare, um digitalen Darwinismus, um Metasuchen mit Kohorten-Algorithmen und um Plattformkuration.

Nach meiner Keynote kam ein Vorstandsmitglied zu mir und empfahl mir, bei zukünftigen Vorträgen die deutsche Sprache anzuwenden. Es sei ihm schwergefallen, dem Vortrag zu folgen. Ich verstand, dass nicht nur die digitale Transformation an sich, neue eCommerce Modelle und neue Technologien für Unternehmen eine Herausforderung darstellen, sondern schon dem Engpass der verbalen Kommunikation über solche Inhalte folgen zu können. Es existieren dafür keine deutschen Erklärungen, genau das ist der Engpass. Dem Vorstand attestiere ich eine hohe unternehmerische Intelligenz, denn er versuchte sich mit Coaches und Podcasts weiterzubilden. Gleichwohl hatte mir dieses Ereignis gezeigt, dass es eine Vielzahl an Managern, Unternehmern und Entscheidern gibt, die versuchen, sich innovative Technologien und Geschäftsmodelle anzueignen, diese auf ihr Unternehmen zu adaptieren, sich jedoch damit primär nicht auseinandersetzen können, weil sie zuerst jeden Begriff zeitaufwendig verstehen und recherchieren müssen.

Das Gründer-Lexikon oder auch das Unternehmer ABC genannt, unterstützt Unternehmer dabei auf Eigenhöhe zu kommunizieren, schneller Inhalte zu verstehen, sich auf die wesentlichen Dinge zu konzentrieren und somit langfristig erfolgreicher zu sein. Die Gründer-Bubble ist komplex und ich habe es mir zur Aufgabe gemacht, Ihnen als Leser die Bedeutungen hinter diesen Begriffen verständlich zu machen und diese mit Praxisbeispielen für Ihr Unternehmen additiv zu ergänzen.

Viel Spaß beim Lesen!

## A / B Test (auch Split-Test genannt)
*Online Performance Marketing*

Primär werden A / B Tests im Webdesign genutzt, um bestimmte Nutzerreaktionen zu identifizieren. Zwecks Conversionoptimierung auf einer Landingpage (Verkaufswebseite) werden beispielsweise unterschiedliche Texte in den Kaufbuttons verwendet. So werden signifikanten Abweichungen gemessen und die Seite sukzessive modifiziert respektive verbessert. Oft werden Farben, Überschriften, Handlungsaufforderungen, Mehrwerte und Bilder verglichen. Ist meine Zielgruppe eher der blaue Farben Typ (rational, mathematisch) oder eher der rote Farben Typ (Kaufgrund Reputation). So können detaillierte Modifizierungen schnell den Umsatz erhöhen. Kaufen dadurch 7 % der User auf der Webseite anstatt 5 % bei einem durchschnittlichen Warenkorbwert von 300 Euro und 10.000 Besuchern pro Monat, so steigt der Umsatz um 720.000 Euro pro Jahr.

Nützliche Tools:
Google Analytics, Piwik, Crazy Egg, Clicky, Mouseflow, Usabilla, UserTesting, Zopim

## ABC-Analyse
*Geschäftsmodellanalyse*

Die ABC-Analyse hilft bei der Prioritätensetzung. Kunden, Produkte, Lieferanten oder andere Analyseobjekte werden nach ihrer Bedeutung für das Unternehmen sortiert und klassifiziert. Dazu werden die Objekte anhand einer ausgewählten Kenngröße in drei Klassen oder Kategorien unterteilt: sehr wichtig, wichtig, weniger wichtig. Die Analyse hilft kausal dabei, erforderliche Ressourcen zielorientiert zu verteilen. Ergänzen Sie die Ergebnisse mit dem dreifachen Pareto-Gesetz für noch mehr Transparenz Ihrer Zahlen.

Nützliches Tool:
Excel

## Arbitrage Modell
*Geschäftsmodell*

Beschreibt eine Ausnutzung eines temporär ineffizienten Marktes. Ziel ist der Arbitrage-Gewinn. Häufig zu finden bei Marktpreisdifferenzen, zum Beispiel durch Know-how, Kundenzugang oder Standorten respektive im Internet durch Webseiten. Aus Marktkenntnis, Algorithmen und dezidierten Online Marketing Skills entstehen also beispielsweise günstige Klicks, die anschließend verkauft werden und somit die Transaktionskosten überschreiten.

Beispiele:
Booking.com, idealo.de und travago.de kaufen Klicks durch gute exekutive Online Marketing Skills ein, der Algorithmus und die Meta-Suche führen zu hohen Conversion Rates und die Kunden werden an die Anbieter teurer weiterverkauft, als sie eingekauft wurden. *Siehe auch Leadgen.* Weiteres Beispiel AirBnB. User mieten sich für 500 Euro dauerhaft eine Wohnung und versucht, diese teurer an kurzfristige Mietverhältnisse weiter zu vermieten.

## Accelerator
*Gründungsphase*

Unterschieden wird in Accelerator und Incubator. Beide Programme unterstützen Gründer in der Entwicklungsphase mit Wissen, Netzwerk, IT und allen notwendigen Ressourcen. Der Accelerator hat das vorrangige Ziel, das Start-up schnell wachsen zu lassen. Die Idee kommt meistens von externen Gründerteams. Beim Incubator dagegen kommen die Ideen meist von innen. Hier ist das Ziel, neue und kreative Ideen zu finden. Auf ein Accelerator Programm muss sich meistens beworben werden, um aufgenommen zu werden. Wird man angenommen, arbeitet man gemeinsam mit dem Anbieter daran, ein Konzept innerhalb von nur wenigen Monaten zu einem marktfähigen Produkt auszuarbeiten. Oft unterstützen große KMUs Start-ups mit ihren eigenen Accelorator Programmen.

## Added Value
*Produkt*

Unter Added Value versteht man den zusätzlichen Nutzen eines Produktes oder einer Dienstleistung für den Kunden. Durch einen Added Value besteht die Möglichkeit für ein Unternehmen, sich vom Angebot der Wettbewerber zu differenzieren und somit Marktanteile zu gewinnen. Es muss darauf geachtet werden, den Added Value nicht mit einem Feature zu verwechseln. Im Vordergrund steht beispielsweise immer das Produkt oder die Dienstleistung. Wenn es keine großen Differenzen zu Marktbegleiterangeboten gibt, beispielsweise in der Versicherungs- oder Bankenbranche, dann kann ein Added Value dafür sorgen, dass das Kundenverhalten sich ändert und man sich für deine Dienstleistung entscheidet, zum Beispiel, weil du eine Ratenpause einbaust oder generell Zusatz Serviceleistungen, Zusatzfunktionen oder der Imagewert. Ein Feature könnte also auch ein Added Value sein, wichtig ist nur, dass ein neues Produkt niemals aus nur einem einzelnen Feature besteht.

Beispiele:
Autoversicherer bieten Pannenhilfe an oder ein Online Reisebüro bietet die Möglichkeit an, Reisen miteinander zu vergleichen, kostenfrei zu stornieren, Gepäckversicherungen inklusive mit anzubieten oder sich telefonisch 24 Stunden beraten zu lassen.

## Additiv
*Fremdwort*

Hinzufügen, ergänzend

## Adtech
*Branche*

Advertisting Technology. Darunter fallen alle Geschäftsmodelle, also Produkte und Dienstleistungen, die sich mit der Technik von digitalem Marketing sowohl den Ad Servern (Anbietern) als auch Experten für Programmatic (Automatisierung)) auseinandersetzen. Dazu zählen Monitoring Systeme (Echtzeit Daten Visualisierung) und Analytics (Analyse).

Beispiel:
Zalando hat mehrere hundert Online Marketer entlassen, da deren Adtech Software die Arbeit automatisiert ersetzen konnte. Im Zeitalter von Cookie-Einverständnis-Erklärungen kauft Facebook einen Anbieter (Giphy) von Emojis für 400 Millionen Dollar, weil die GIFs nicht auf den Plattformen oder in den Chats hochgeladen werden, sondern von Servern ergänz werden. Somit kann man durch Emojis die User tracken und somit im Internet messen.

## Advertiser
*Media*

Ein Advertiser ist ein Werbetreibender. Dies können Personen, Unternehmen oder Organisationen sein, die ihre Produkte oder Dienstleistungen bewerben. Im Affiliate Marketing wird der Advertiser auch als Merchant bezeichnet.

## Affiliate
*Werbeform*

Affiliate Marketing ist ein Empfehlungs-Online-Marketing-Kanal mit einer erfolgsabhängigen Vergütung. Der Affiliate betreibt meistens eine Webseite und generiert damit Traffic, den auf der die Webseite des Merchant leitet. Kaufen dort nun die Kunden, bekommt der Affiliate eine Provision. Auch Newsletter sind dafür eine bekannte Art der Werbung. Die Reichweite wird also an Dritte durch Provision monetarisiert. Dazu kommen Affiliate Netzwerke. Diese stellen die technische Plattform zur Abwicklung zur Verfügung. Dem einfachen Webseitenbetreiber fehlt beispielsweise die IT-Infrastruktur. Mit dem Netzwerk bekommt er einen Link, den er messen und zur Abrechnung nutzen kann. Abrechnet wird meistens per CPC, CPL oder CPO.

Beispiel:
Tom betreibt einen Blog zum Thema Angeln mit 200.000 Followern. Anstatt eigene Angeln auf den Markt zu bringen, möchte er vorab gucken, ob seine Zielgruppe bei ihm kaufen würde. Er kontaktiert Angelhersteller oder besucht Affiliate Netzwerke, bewirbt den Content in seiner

Community und misst die Verkäufe über einen Link, bekommt kausal pro verkaufte Angel eine Gewinnbeteiligung ab.

## Agilität
*Arbeitsform*

Agil sein bedeutet einerseits reaktiv, flexibel und anpassungsfähig und gleichzeitig proaktiv, initiativ und antizipativ zu handeln. Damit sind Veränderungen ein impliziter Bestandteil einer agilen Organisation und müssen nicht durch Change Programme oder durch das Management initiiert werden.

## Agio
*Fremdwort*

Dieser Aufschlag in Form von Zinsen und Gebühren wird als „Agio" bezeichnet. Der Rückzahlungsbetrag ist bei einem Kredit folglich höher als das ausgeliehene Geld. Als Kreditnehmer weiß man in der Regel, dass zur Kreditsumme Kosten hinzukommen, die man zurückzuzahlen hat. Das Agio ist prinzipiell nichts anderes als ein einmaliger Aufschlag, der in verschiedenen Bereichen zum Einsatz kommt. Neben Fonds, wo es als eine Art Vertriebsgebühr fungiert, kommt es auch bei Emissionen von Aktien und Anleihen vor.

## Algorithmus
*Geschäftsmodell*

Der Begriff Algorithmus umfasst mittlerweile eine breite Spanne von Verfahren in der Mathematik und der Informatik. Folglich ist eine Definition immer sehr allgemein und liest sich je nach Quelle ein wenig unterschiedlich. Grundsätzlich handelt es sich bei einem Algorithmus um eine formal festgelegte Vorgehensweise, nach der eine definierte Aufgabe gemäß einem strukturierten Schema gelöst wird. In der Regel gibt es dabei einen Eingabewert, der zu einem Ausgabewert umgeformt wird.

Beispiele:

Partnerbörsen versuchen mit Algorithmen durch Selektion von Aussehen, Eigenschaften und Interessen passende Partner zu finden, obwohl ein Code keine Liebe kennt. Meist wird ein Algorithmus dafür verwendet, passende Ergebnisse unter Tausenden von potenziellen Angeboten vorzuselektieren. Bei mobile.de filtert man potenzielle Autos, bei Holido passende Ferienhäuser und bei AirBnB passende Unterkünfte. Auch die Googlesuche ist ein Algorithmus, welcher mit bis zu 250 einzelnen Algorithmen gefüttert wird.

## Amortisation
*Kennzahl*

Unter der Amortisationsdauer wird die Zeitspanne verstanden, die benötigt wird, um alle ursprünglichen Kosten einer Investition wieder zu erwirtschaften. Bei jedem Projekt und jeder Investitionsentscheidung sollte also eine auf Wahrscheinlichkeiten basierende Amortisationsdauer berechnet werden.

Beispiele:

Eine 100.000 Maschine, die pro Jahr mit 20.000 Euro zurück getilgt wird, ist also nach dem fünften Jahr amortisiert.

# API
Software

API ist die Abkürzung für „Application Programming Interface". Ein API ist also eine Schnittstelle: Es verbindet Soft- und Hardwarekomponenten. So werden Webseiten beispielsweise mit APIs verbunden und können ohne großen Programmieraufwand Daten austauschen. Die API vereinheitlicht also Datenaustausch. Rund ein Drittel der DAX 30 Unternehmen verfügt beispielsweise über eigene API-Programme.

Beispiele:

ImmobilienScout24 bietet Informationen über Immobilien, Marktdaten und Finanzierungen an. Die Lufthansa bietet Flugdaten an, die wiederum von Flug-Meta-Suchen wie Flüge.de genutzt werden.

## APV Verfahren
Kennzahl

Übersetzt dient die adjustierte Barwertmethode zu Unternehmensbewertungen bei autonomer Finanzierung. Das setzt voraus, dass der zukünftige Fremdkapitalstand konstant oder null ist. Hierzu werden die Free Cashflows des Unternehmens ohne Schulden mit dem Kapitalkostensatz (unverschuldet) diskontiert. Danach werden die Barwerte der Steuervorteile aus dem Fremdkapital berechnet. Gerade bei Leveraged Buy-out Transaktionen und Unternehmen mit hohen Verlustvorträgen kommt es zu steuerlichen Effekten, die anhand des APV-Verfahrens getrennt betrachtet und bewertet werden.

## ASIN
*eCommerce*

Die Amazon Standard Identification Number (Amazon-Standard-Identifikationsnummer, kurz ASIN) ist eine zehnstellige alphanumerische Produktidentifikationsnummer, die von den Amazon-Versandhäusern eingeführt wurde. Jedes Produkt, das auf einer der Amazon-Websites angeboten wird, erhält eine eindeutige ASIN. Wenn Ihre Produkte einzigartig sind, wird Amazon diesen eine einzigartige ASIN zuteilen. Sie müssen dafür ein neues Produkt im Amazonkatalog anlegen und Amazon den UPC- oder EAN-Code Ihres Produkts zuschicken. Wenn Ihre Mitbewerber bereits auf Amazon verkaufen, bedeutet dies, dass für diese Produkte bereits eine ASIN erstellt wurde. In diesem Fall müssen Sie nach der richtigen ASIN suchen.

Tools:

Asintool.de; datafeedwatch.de

## Asset Deal
*M&A*

Im angelsächsischen Sprachgebrauch gehört das Wort zu der Kategorie Unternehmenskauf respektive Mergers & Acquisitions. Dabei unterscheidet man zwischen zwei Formen, nämlich Asset Deals und Share Deals. Beim Asset Deal wird eigentlich nicht das Unternehmen verkauft, sondern das Vermögen des Unternehmers. Hier werden alle zum Unternehmen gehörenden Wirtschaftsgüter verkauft, kausal auch Arbeits-, Rechts- und Vertragsverhältnisse. Problem ist hier immer wieder die

Erfassung von immateriellen Werten wie Marken etc. Beim Share Deal dagegen werden nur Anteile an der Gesellschaft übertragen.

## Ausgründung
*Gründung*

Bei der Ausgründung wird ein Teilbetrieb aus einer bestehenden Firma in ein neues, dafür gegründetes Unternehmen überführt. Dies wird oft auch als Betriebsaufspaltung bezeichnet, hat jedoch mehrere Vorteile. Primäre Vorteile sind: Die neue Gesellschaft bekommt Narrenfreiheit, kann zum Beispiel an den Einkaufskonditionen der Muttergesellschaft partizipieren, ohne die Konzernstrukturen aus der IT oder dem Recht berücksichtigen zu müssen. Weiterhin ist ein Verkauf der Sparte durch eine eigene Gesellschaft einfacher, kann ebenfalls auch zu höheren Bewertungen durch höhere Multiples führen. Sekundär führt die Aufspaltung auch zu Steuervorteilen, zum Beispiel durch Auflösung stiller Reserven.

Beispiel:
Die Otto Gruppe hat About You ausgegründet. Diese wird mit anderen Multiples bewertet als der Konzern selbst. About You plant aktuell auch den Börsengang, der Konzern selbst aber nicht. Es konnten durch das Bündeln der Einkaufsvolumina die Netzwerke und Konditionen vom Konzern genutzt werden, das Geschäftsmodell selber konnte jedoch auf einer grünen Wiese neu gebaut werden.

## Avatar
*Profiling*

Als Avatar (Kundenavatar) wird der idealtypische Kunde bezeichnet, den man versucht, mit Profilingdaten und Analyse seiner bisherigen Kunden mit psychografischen sowie demografischen Merkmalen zu modellieren. So soll versucht werden, ein ideales Bild vom potenziellen Kunden zu bekommen, um sein Marketing spitz positioniert und kapitaleffizient auszurichten, mit dem langfristigen Erfolg, sein Geschäftsmodell zu skalieren.

Beispiel:

Demografische Daten: Alter, Geschlecht, Region, Kaufkraft etc. Beim Ferrari: primär männlich, 45 – 65 Jahre alt, hohe Kaufkraft, hoher Bildungsstand und Unternehmer.

Psychografische Daten: Kaufgrund, Mindset, Typ Mensch etc. Beim Ferrari: Beruflich sehr rationaler Typ, zahlenaffin, möchte verhandeln als Erfolgsgefühl, freut sich bei neidischen Nachbarn nach dem Kauf, steht auf Statussymbole, kann hart arbeiten, sehr effizienzgetrieben, bildet sich weiter.

## B2B
*Geschäftsmodell*

Die Abkürzung B2B steht für den englischen Begriff „Business to Business" und stammt ursprünglich aus dem E-Business. Unter dem Begriff versteht man Produkte, Dienstleistungen sowie Geschäftsmodelle mit Fokus auf einen oder mehrere Geschäftspartner als Zielgruppe. Mittlerweile werden ganze vakante Jobpositionen mit dieser Zusatzabkürzung versehen, beispielsweise B2B

Marketer oder Sales B2B. Die Trennung erfolgt, weil B2B Geschäftsmodelle eine deutliche andere Strategie verfolgen müssen. Das Targeting im Marketing ist nicht so effizient im Gegensatz zur Ansprache an Endverbraucher, die Entscheidungswege sind länger und deutlich komplexer.

Beispiele:

SAAS Modelle, Industrie 4.0, Personalsoftware, Zoom

## B2C
*Geschäftsmodell*

Die Abkürzung steht für den englischen Begriff „Business to Customer" und beschreibt die Geschäftsbeziehung zwischen dem Anbieter und einer Privatperson. Unterschieden wird hier auch zum „Direct to consumer". Das sind in der Regel Hersteller mit eigener Wertschöpfung, die den Endkunden ihrer bisherigen Kunden, meist Retailer, direkt angehen, um den Kundenzugang eigenständig bespielen zu können und selbst Einfluss in die Markenwahrnehmung vorzunehmen.

Beispiele:

AboutYou, Zalando, Hello Fresh

## B2C2B
*Geschäftsmodell*

Die Abkürzung steht für den englischen Begriff „Business to Business to Consumer" und beschreibt den Direct to Consumer Ansatz, bei dem die Hersteller mit eigener Wertschöpfung nicht nur die bisherigen B2B-Retailer beliefern, sondern den Kundenzugang direkt angehen. So kann die Markenwahrnehmung selber kreiert werden, man lernt die Zielgruppe und das Verhalten der Kunden besser kennen, die Gewinnspanne wird aufgrund der fehlenden Retailermargen höher und das Unternehmen bekommt wertvolle Kundendaten.

## Backend
*IT*

Als Backend wird der Teil eines IT-Systems bezeichnet, der sich mit der Datenverarbeitung im Hintergrund beschäftigt. Primär handelt es sich hierbei um Datenbank Server oder Benutzerzugriffssysteme. Um mit dem Backend überhaupt kommunizieren zu können, ist das Frontend essenziell. So werden kausal Backend Developer auch als Softwareentwickler bezeichnet, dessen Aufgabe es ist, die IT-Architektur zu bauen. Als Full Stack Developer werden dagegen Programmierer bezeichnet, die sowohl Frontend und Backendsoftware entwickeln können.

## Benchmarking
*Wettbewerbsanalyse*

Als Benchmarking oder auch Benchmark wird ein Instrument zum Vergleichen bezeichnet. Dies können Produkte, Dienstleistungen, Prozesse oder Kennzahlen sein, die im eigenen Unternehmen als Vergleichswert mit Markt- oder Wettbewerbsdaten dienen.

Beispiele:

Das eigene Umsatzwachstum kann nur mit historischen Wachstumsraten der vergangenen Jahre als gut oder schlecht deklariert werden. Zu jeder Kennzahl braucht es also einen Vergleichswert. In dem Fall wäre dies die Wachstumsrate des Branchenprimus (Marktführers) und die Wachstumsrate des Marktes.

## Best Practice
*Lösungsansatz*

Best Practice ist die allgemeine Bezeichnung für die im Markt anerkannte beste Lösung respektive für den besten Lösungsansatz von Engpässen. In der Regel sind dann im Markt oder von Wettbewerbern vorbildliche Lösungen oder Verfahrensweisen erfolgreich erprobt, die zu Spitzenleistungen führen. Best Practice bündelt also systematische Erfahrungen erfolgreicher Marktdaten getreu dem Motto „man muss das Rad nicht neu erfinden".

## Big Data
*Datenanalyse*

Hinter Big Data verbergen sich zwei Aspekte zusammengefasst. Umschrieben wird die immer rasantere wachsende Datenmenge als Basis für Entwicklung neuer Lösungen, zum anderen aber die immer leistungsstärkere Entwicklung von IT-Lösungen, mit denen Unternehmen die Menge an Informationen für sie vorteilhaft verarbeiten können. Mit Big Data werden unstrukturierte Datenmengen nutzbar gemacht. Um die komplexen Rohdaten nutzen zu können, ist der Beruf als Data Scientist entstanden, eine Art Experte für Daten, der beispielsweise riese Mengen als Transaktionsdaten aus unterschiedlichen Datenmengen aggregiert und nutzbar macht.

Beispiele:

Auch Netflix nutzt Data Analytics, um zu planen, welche Inhalte, Serien und Filme sie als nächstes produzieren. Anhand der Nutzerdaten entwickelt Netflix Inhalte, bei denen eine hohe Wahrscheinlichkeit besteht, dass Nutzer sie auch annehmen und schauen. Die Datenanalyse 2017 produzierte dabei Einsichten in das Nutzerverhalten unter anderem geordnet nach Ländern. Diese zeigte, welche Serien zum Beispiel in Deutschland besonders häufig geschaut wurden oder dass Mexiko das Land ist, in dem die meisten Nutzer tatsächlich jeden Tag Netflix schauen. Die Auswertung von Daten hat bei Netflix den Verkauf um 36 Prozent ansteigen lassen. Mehr noch: Netflix gehört heute zu den Garanten von Top-10-Serien.

## Bilateral
*Fremdwort*

In der Politik verwendet man das Adjektiv bilateral für Verhandlungen und Abkommen, die ausschließlich zwischen zwei verschiedenen Beteiligten stattfinden.

## Bitcoin
*Währung*

Bei der Bezeichnung Bitcoin handelt es sich um eine digitale Kunstwährung. Bei dem englischen Begriff Bitcoin, der in der deutschen Übersetzung digitale Münze bedeutet, handelt es sich um eine virtuelle Währung, welche die Peer-to-Peer-Technologie nutzt. Um die Transaktionen zu bearbeiten und die Bitcoins auszugeben, werden diese kollektiv durch das Netzwerk übernommen. Bitcoin funktioniert als Open-Source; das Design ist öffentlich, Bitcoin ist von keinem in Besitz und wird auch somit von keinem kontrolliert, sodass Bitcoin entsprechend neue Nutzungsmöglichkeiten mit sich bringt, welches kein bisheriges Zahlungssystem mit sich brachte. Das System zur Speicherung von Bitcoin wird als Blockchain bezeichnet. Blockchain ist dabei die Technologie, die auch für andere potenzielle Geschäftsmodelle dient. Bitcoin funktioniert wie ein kollektives Buchführungssystem. Es handelt sich um eine Art weltweites Rechnungsbuch, in welchem jede Transaktion vermerkt wird, inwiefern jede virtuelle Münze verbleibt. Die virtuelle Währung existiert zwar nur im Computer, jedoch sorgt das System für die Begrenzung der gesamten Münzenanzahl und keiner kann diese fälschen oder zweimal ausgeben. Auf diese Weise wird das Nutzerkollektiv durch einzelne, feindliche Individuen geschützt.

## Blockchain
*Technologie*

Technisch stellt die Blockchain eine dezentrale Datenbank dar, die im Netzwerk auf einer Vielzahl von Rechnern gespiegelt vorliegt. Sie zeichnet sich dadurch aus, dass ihre Einträge in Blöcken zusammengefasst und gespeichert werden. Durch einen von allen Rechnern verwendeten Konsensmechanismus wird die Authentizität der Datenbankeinträge sichergestellt. Blockchain ist die Basistechnologie und zentrale Innovation der Kryptowährung Bitcoin. Sie geht zurück auf ein Arbeitspapier, das im November 2008 anonym über eine Mailing-Liste veröffentlicht wurde. Darin beschreibt der bis heute unbekannte Autor oder die Autorengruppe mit dem Pseudonym Satoshi Nakamoto das elektronische Zahlungssystem „Bitcoin", das Peer-to-Peer über das Netzwerk organisiert ist und ohne zentralen Intermediär auskommt.

Beispiele:

Eine Blockchain-Datenbank kann als dezentrales Buchungssystem dienen, um jegliche Arten von Eigentumsrechten digital zu organisieren, z. B. Grundbücher oder Unternehmensanteile (Aktie). Da die Dezentralität Intermediäre potenziell verzichtbar macht, könnte die Blockchain zukünftig in vielen Bereichen zum Einsatz kommen und als disruptive Technologie bisher etablierte Verfahren und Technologien verdrängen. Wesentliche Treiber der Entwicklung sind Effizienzgewinne bei etablierten Prozessabläufen (z. B. im Nachhandel von Wertpapieren) und damit auch erhebliche prognostizierte Kosteneinsparungen.

## Board
*Organisation*

Als Board wird auch die Unternehmensführung bezeichnet. Das Board vereinigt die Geschäftsführung und die Kontrollorgane. Dies Bezeichnung Board findet man primär als Vereinigungsmodell in den USA. In Deutschland wird eher das Aufsichtsratssystem betitelt.

## Bootstrapping
*Finanzierung*

Bezeichnet eine Art der Unternehmensfinanzierung, die ganz ohne externe Geldquellen funktioniert. Eine goldene Regel besagt, dass ein Unternehmen entweder stark wachsen muss oder Gewinn erwirtschaften muss, sonst gehört es gesellschaftlich liquidiert. Angelehnt an die Baron-Münchhausen-Geschichte, bei der dieser sich selbst an seinen Haaren aus einem Sumpf zieht, beschreibt auch Bootstrapping einen Prozess, bei dem Gründer auf externe Hilfe verzichten und eigenständig finanziert ein Unternehmen aufbauen. Im Gegensatz zu Start-ups mit Business Angel oder Venture Capital Finanzierung müssen Start-ups mit Bootstrapping auf knappe Ressourcen zurückgreifen, sind jedoch später für die Gründer durch deutlich höhere Gesellschaftsanteile am Unternehmen profitabler.

## Bot
*IT*

Ein Bot ist ein Computerprogramm oder auch Algorithmus, der selbstständig ohne Mitwirkung eines Anwenders Aufgaben automatisiert erledigt. Bots können je nach Programmierung nützlich oder schadhaft sein.

Beispiele:

Gutartige Bots sind beispielsweise Chatbots, schlechtartige beispielsweise Schadsoftwareprogramme, die illegal E-Mail-Adressen im Internet sammeln oder Server durch Millionen Webseitenbesuche stilllegen wollen.

## Bounce Rate
*Kennzahl*

Die Bounce Rate, auch Absprungrate genannt, bezeichnet einen Indikator für den Erfolg einer Webseite oder eines Newslettermailings. Die Absprungrate kann je nach Definition unterschiedlich berechnet werden. Die Absprungrate ist, vereinfacht gesehen, der Quotient aus der Gesamtzahl der Sitzungen, bei welchen die Seite x gleichzeitig auch Ausstiegsseite war sowie die Gesamtzahl der Sitzungen, bei welchen die Seite x die Einstiegsseite war. Einfluss in die Bounce Raten haben Tausende Variablen wie Trafficquelle, Zielgruppenauswahl, thematische Relevanz, technische Funktion etc. Oftmals wird die Absprungrate mit der Ausstiegsrate verwechselt. Doch dabei handelt es sich um zwei grundlegend verschiedene Parameter. Bei der Absprungrate wird gemessen, wie hoch der Prozentsatz der Besucher einer Unterseite ist, die die Seite verlassen, ohne weitere Seiten angesehen zu haben. Bei der Ausstiegsrate wird eine ganze Session betrachtet. Die Ausstiegsrate einer Seite zeigt somit an, wie häufig sie die letzte Seite eines Besuchs war.

Beispiele:

Pageview: Wie viele User haben eine Webseite gesichtet, aber nicht interagiert. Wie viele User haben einen Artikel in den Warenkorb gelegt, aber nicht gekauft.

## Brand Management
*Marke*

Brand Management beschreibt die Einführung eines Produkts oder einer Marke in den Markt, in dem die erworbene Position langfristig gehalten und verbessert werden soll. Gelungenes Brand Management resultiert in besseren Verkäufen, einer hohen Reputation und zufriedenen Kunden. Hier steht die Markenwahrnehmung im Vordergrund, folglich wie das Werteversprechen sowie das Image, die Haptik des Produktes wahrgenommen wird, respektive im Markt akzeptiert wird.

Beispiele:

Wenn bei dem Wort „Apple" direkt an Design und hohe Qualität gedacht wird, haben die Brand Manager der Marke alles richtiggemacht.

## Break Even Point
*Kennzahl*

Übersetzt bedeutet Break-even-Point auf Deutsch „Kostendeckungspunkt" oder „Gewinnschwelle". Der Break-even-Point bezeichnet also den Zeitpunkt, an dem deine Einnahmen (Umsatzerlöse) genauso hoch sind wie die Ausgaben (Gesamtkosten). Einnahmen und Ausgaben heben sich gegenseitig auf, es gibt weder Verlust noch Gewinn.

## Bridge Finanzierung
*Finanzierungsart*

Als Bridge Finanzierung oder auch Brückenfinanzierung genannt, versteht man eine außerplanmäßige Vorfinanzierung eines Unternehmenskaufs. Weiterhin wird die Brückenfinanzierung auch gewählt, wenn einem Start-up kurzfristig das Geld ausgeht und keine größere Finanzierungsrunde geplant gewesen ist. So werden primär Wandeldarlehen oder Anleihen als Finanzierungsinstrument genutzt.

## Briefing
*Agentur*

Das Briefing bezeichnet ein Instrument der Kommunikation zwischen Werbeagentur und Unternehmen oder Auftraggeber. Um der Agentur oder dem Freelancer idealtypisch den Auftrag zu erteilen und zukünftige

Feedbackschleifen zu reduzieren, werden genormte Briefings erstellt, welche die Makrofragen schon beantworten.

Beispiele:
Problemstellung, IST-Situation, Erfahrungen, Ziele, Budget, Frist, Strategie, Zeitplan und Kontrolle.

## Bundesanzeiger
*Wettbewerbsanalyse*

Das Unternehmensregister von Deutschland ist eine Datenbank und Website zur Recherche über deutsche Unternehmen, die im Auftrag der Bundesregierung seit 2007 betrieben wird. Das Unternehmensregister (§ 8b Handelsgesetzbuch – HGB) ermöglicht einen zentralen Zugang zu den Informationen aus dem Handelsregister, dem Partnerschaftsregister und dem Genossenschaftsregister. So müssen beispielsweise Kapitalgesellschaften ab einer gewissen Größe Bilanzen, Anhänge oder Gesellschaftsverhältnisse offenlegen.

Beispiele:

https://www.bundesanzeiger.de/

## Burn Rate
*Kennzahl*

Die Cash Burn Rate gibt an, wie schnell ein Unternehmen „Geld verbrennt", d. h. verbraucht bzw. verliert.
Die Cash Burn Rate ist also die Zeitspanne, die Firmen bei anhaltend hohen Betriebskosten bleibt, bis sie insolvent sein werden. Mit dieser Kennzahl soll die Liquiditätslage eines Unternehmens beurteilt werden. Besonders wichtig

ist der Zeitpunkt, zu dem damit zu rechnen ist, dass das Unternehmen seinen Zahlungsverpflichtungen nicht mehr nachkommen kann. Eine hohe CBR zeigt eine hohe Liquiditätsfähigkeit an, eine niedrige weist auf künftige Liquiditätsschwierigkeiten hin. Gerade das Verhältnis von Wachstumsrate, EBITDA und Burn Rate ist ein deutliches Signal, ob ein Unternehmen ein nachhaltiges Geschäftsmodell aufweist.

## Business Angel
*Investor*

Als Business-Angel, was zu Deutsch so viel bedeutet wie Unternehmensengel, wird eine Person bezeichnet, die Anteile an anderen Unternehmen hält und im Gegenzug steht der Business-Angel den Gründern mit Rat und Tat zur Seite und stellt ihnen darüber hinaus sein eigenes Netzwerk sowie seine Erfahrungen zur Verfügung. Ein Business Angel investiert meist viel früher in ein Unternehmen, primär bei Gründung oder vor Gründung (Pre-Seed-Phase). Er finanziert das Start-up nicht nur bis zum Prototypen, sondern agiert als Sparringpartner, stellt idealtypisch den Kontakt zu weiteren Geldgebern her und bringt meistens viel Erfahrung in der Branche mit. Business Angeln sind meist vermögende private Investoren, die bis zu 100.000 Euro investieren und überwiegend selber erfolgreich gegründet haben. Wenn das Start-up dann größer und erfolgreicher wird, weist das Unternehmen meist mehr Kapitalbedarf auf, aufgrund dessen der Business Angel seine Anteile wieder an Ventures Capital Geber in sogenannten Secondaries verkaufen. In der Regel beträgt der Investmentzeitraum maximal vier Jahre. Dafür erhält der Business Angel in der Regel maximal 20 % am Unternehmen. Um passende Investoren zu finden, bieten sich sogenannte Business Angel Netzwerke an. Das sind

Organisationen, welche Business Angel miteinander vernetzen. Ungefähr 40 solcher sind in Deutschland aktiv. Alternativ bieten sich Gründerwettbewerbe, Konferenzen oder Matchings-Events an.

## Businessplan
*Gründung*

In einem Businessplan wird das Geschäftsmodell schriftlich dargestellt. Dazu gehören die unternehmerischen Ziele, die Strategie, Maßnahmen, der Kapitalbedarf, rechtliche Rahmenbedingen, das Gründerteam und das Marketing. Typischerweise wird ein Businessplan im Rahmen von Unternehmensgründungen, bei der Einführung von neuen Produkten oder zur Einleitung von Umstrukturierungsmaßnahmen erstellt. In diesem Zusammenhang soll der Businessplan verschiedene Funktionen erfüllen, z. B. die Prüfung der Durchführbarkeit des Vorhabens, die Kommunikation mit potenziellen Finanzierungs- oder Kooperationspartnern sowie die Planung und Kontrolle des unternehmerischen Vorhabens im Rahmen eines nachträglichen Soll-Ist-Vergleichs. Ein Businessplan besteht idealerweise zunächst aus einer Executive Summary, die in prägnanter Form komprimierte Auskunft über das Vorhaben gibt. Anschließend werden die geplanten Produkte und/oder Dienstleistungen beschrieben, das Management vorgestellt, der Markt und Wettbewerb analysiert, Aussagen zu Marketing und Vertrieb getroffen, benötigtes Personal und die Organisationsstruktur skizziert, wichtige Realisierungsschritte beschrieben, Chancen und Risiken diskutiert, die Finanzplanung dargestellt und Aussagen zu Kapitalbedarf und Finanzierungsalternativen getroffen. Weiterhin der Hintergrund des Gründers, Darstellung des Produktes/der Dienstleistung, Marktübersicht,

Marketingstrategie, Organisation des Unternehmens, Chancen und Risiken, Finanzierung sowie Unterlagen zur Bekräftigung des Vorhabens. Im Internet gibt es dazu unzählige Vorlagen nach Branchen.

## Buy and Build
*Strategie*

In der betrieblichen Praxis bedeutet es, dass Unternehmen durch Betriebszukäufe internationale Expansionspläne erreichen und schneller eine multinationale Unternehmung aufbauen können, als dies allein durch internes Wachstum möglich wäre. Dazu kaufen sich meist Konzerne oder KMUs Start-ups ein, um schneller das Know-how aufzubauen und Marktanteile zu gewinnen. Primär ergeben sich durch den Einkauf auch Synergieeffekte, die das Geschäftsmodell der neuen Akquise positiv tangieren. Typischerweise wird diese Strategie im Private-Equity-Bereich eingesetzt, indem etwa Plattformunternehmen mit etabliertem Management und Systemen beziehungsweise Infrastrukturen übernommen werden.

## Carry
*Managergehalt*

Nicht nur Partner investieren in einen Ventures Fond, sondern auch das Management Team. In der Regel investieren die Manager ein Prozent des Gesamtfonds. Damit die Manager arbeiten können, Personal eingestellt werden kann etc. zahlt der Fonds eine sogenannte Management Fee, also eine Art Gebühr in Höhe von zwei bis drei Prozent vom Fondsvolumen pro Jahr. Ist ein Start-up aus dem Portfolio zukünftig erfolgreich und refinanziert den Fonds vollständig, dann erhalten die Manager eine Gewinnbeteiligung, nämlich den Carry.

## Capex
*Kennzahl*

Bei der Analyse von Unternehmen sind zwei grundlegende Kriterien von Investoren für gewöhnlich Einnahmen und Ausgaben. Dabei müssen Letztere differenziert betrachtet werden: Es gibt Ausgaben für Güter, die im regulären Geschäftsbetrieb verbraucht werden und solche, die dem Unternehmen langfristig zur Verfügung stehen. Abk. für engl. CAPEX steht dabei für Capital expenditures; mit ihm werden Investitionsausgaben für längerfristige Anlagegüter bezeichnet, wie bspw. Maschinen, Gebäude, aber auch die Erstausrüstung, Ersatzteile, Rechnersysteme etc. Der CAPEX ist ein wichtiger Kennwert der Bilanz. Mit den CAPEX-Kosten erhöhen sich die bilanzierten Aktiva, die langfristig abgeschrieben werden. Anhand der aktuellen Capital Expenditures können Investoren ebenfalls erkennen, wie stark das Betriebsergebnis zukünftig durch Abschreibungen belastet wird. Je mehr Investitionen vorgenommen werden, desto stärker wirken sich in den Folgejahren die Wertminderungen dieser Vermögensgegenstände aus. Dies ist unproblematisch, wenn die Maschinen und Gebäude entsprechende Erträge generieren. Wurde jedoch eine Maschine erworben, deren Produkte sich nicht verkaufen lassen, entsteht ein Verlust für das Unternehmen.

## Cap Table
*Beteiligungen*

Dies ist eine einfache schriftliche Auflistung aller Beteiligungen am Start-up inkl. Bewertungen. Konkret: Wem gehört wie viel und seit wann.

## Cashflow
*Kennzahl*

Der Cashflow ist die Differenz von Einnahmen und Ausgaben innerhalb eines Zeitraumes. Der Net Operating Cashflow bezieht sich nur auf Zahlungen aus der Produktions- und Absatztätigkeit der Unternehmung, der gesamte Cashflow berücksichtigt zusätzlich Zahlungen aus Finanzierungs-, Investitions- und Ausschüttungsentscheidungen. Der Cashflow ist eine Messgröße aus der Betriebswirtschaft und ein Indikator dafür, wie gesund ein Unternehmen in Hinblick auf seine finanzielle Lage ist. Generell soll der Cashflow den gesamten Strom der finanziellen Mittel abbilden, der sich innerhalb des Unternehmens bewegt. Der Cashflow beschreibt also den Überschuss an Zahlungsmitteln, den ein Unternehmen durch seine Tätigkeiten innerhalb eines bestimmten Zeitraums erwirtschaften konnte. Der Cashflow bleibt, wenn man die Ausgaben von den Einnahmen eines Betriebes abzieht und gibt somit an, inwiefern sich das Unternehmen selbst finanzieren kann. Ist der Cashflow positiv, spricht man von einem Mittelzufluss. Fällt der Cashflow negativ aus, spricht man von einem Mittelabfluss. Der Cashflow eines Unternehmens kann direkt oder indirekt ermittelt werden, wobei die direkte Methode eher ein Ausnahmefall ist. Bei der direkten Ermittlung des Cashflows werden jegliche

Aufwandsverbuchungen nicht berücksichtigt, sondern der Cashflow ergibt sich hier aus der Differenz von Einzahlung und Auszahlung. Bei der indirekten Berechnung wird der Cashflow korrigiert, indem ausgehend vom Jahresüberschuss alle nicht zahlungswirksamen Aufwendungen hinzugerechnet und alle nicht zahlungswirksamen Erträge abgezogen. Um den Cashflow direkt ermitteln zu können, müssen also zunächst alle Posten innerhalb einer Periode, die keinen monetären Wert haben, wie Rückstellungen und Abschreibungen aus dem Überschuss gestrichen werden. Fehlender Cashflow ist mit einer der meisten Gründe für eine Insolvenzanmeldung, da ein negativer Geldfluss automatisch zu Liquiditätsengpässen führt, kausal zur Zahlungsunfähigkeit.

## Corporate Design
*Grafik*

Das „CD" oder „Corporate Manual" ist das visuelle Erscheinungsbild eines Unternehmens im Rahmen und zur Unterstützung der von der Corporate Identity vorgegebenen Ziele. Das Corporate Design soll das Unternehmen nach innen und außen als Einheit erscheinen lassen, besonders durch formale Gestaltungskonstanten, z. B. Firmenzeichen (Logo), Typografie, Hausfarbe etc. Es wird also festgehalten, wie Logos in Briefbögen oder auf Verpackungen festgehalten werden müssen. Nur die Summe aus einheitlichem Auftreten führt zu einer konsequenten Markenwahrnehmung.

## CEO
*Jobtitel*

Im deutschsprachigen Raum ist die Abkürzung CEO (Chief Executive Officer) die Bezeichnung für Geschäftsführer oder Vorstand. In Deutschland werden Geschäftsführerposition seltener nach Aufgabenverantwortlichkeiten unterschieden, in den USA ist dies jedoch üblich. Mit dem Jobtitel wird die Unternehmensleitung auch direkt mit dem Fachbereich verknüpft. Siehe auch CDO, CSO, COO etc.

## CFO
*Jobtitel*

CFO steht für Chief Financial Officer und meint eine Managementaufgabe als Leiter der Finanzen. Es handelt sich somit um einen A-Manager, meist Geschäftsführung, manchmal auch Geschäftsleitung, der sich im Unternehmen um die Themen Controlling, Rechnungswesen, Steuern, Fremdkapital, Investoren, Börsengang, Liquiditätsplanung etc. kümmert. Der CFO berichtet meist an den CEO.

## Change-Management
*Innovationsprozess*

Change-Management bezeichnet das planvolle Management von Veränderungsprozessen von einem Ausgangszustand hin zu einem Zielzustand. Dabei umfasst das „Management von Change" alle Aspekte der Umsetzung. Hier werden die sogenannten Change Manager eingesetzt, dessen Aufgabe es ist, die Veränderung in allen Prozessen der Organisation, bei den Mitarbeitern, in der Technologie etc. herbeizuführen.

## Cheffing
*Führung*

Cheffing ist der Fachbegriff für „Führen von unten". Doch es gibt auch die Führung nach oben. Beim Cheffing geht es darum, im Sinne eines gemeinsamen (Unternehmens)-Ziels im Positiven auf den Chef einzuwirken. Hierbei wird der Chef beeinflusst, bestimmte Entscheidungen zu treffen oder man möchte bei ihm bestimmte Verhaltensweisen erzielen.

Beispiele:

Eine Führungskraft muss ihren Chef zu einer Entscheidung veranlassen, um bei der täglichen Arbeit voranzukommen.

## Churn
*Kennzahl*

Die Churn-Rate gibt an, wie viele Kunden eines Unternehmens über einen bestimmten Zeitraum im Vergleich zum bestehenden Kundenstamm abgesprungen sind. Sie ist eine der wichtigsten Kennzahlen, denn sie sagt aus, wie lange Kunden treu bleiben und wie hoch der Pain ist zu wechseln. Innerhalb eines bestimmten Zeitraums wird beobachtet, wie viele Kunden dem Unternehmen verloren gehen. Diese Anzahl wird dann in Relation zu dem noch bestehenden Kundenstamm gesetzt. So erhält das Unternehmen die Kennzahl, welche Aussage darüber trifft, wie viele Kunden verloren gehen. Wenn die Churn-Rate zu hoch ist, klingeln bei jedem Unternehmer die Alarmglocken. Die Churn-Rate verrät somit, wie viele Kunden ein Unternehmen über einen bestimmten Zeitraum tatsächlich hat – abzüglich der abspringenden

Kunden. Wenn die Abwanderungsrate zu hoch ist, bedeutet dies, dass sich der Kundenstamm in naher Zukunft mit höchster Wahrscheinlichkeit stark reduzieren wird und somit eine Bedrohung des wirtschaftlichen Wohlergehens besteht. So gibt sie dem Unternehmen Auskunft darüber, inwiefern der Kundenstamm zunimmt oder abnimmt. Darüber hinaus gewährt sie auch Überblick darüber, wie lange ein Kunde im Durchschnitt die Leistungen des Unternehmens in Anspruch nimmt.

Beispiele:

Wenn erst mal eine SAAS-Software mit einem Jahr Aufwand mühsam integriert hat, ist der Pain zu wechseln relativ geringer als bei einem Abo-Lieferboxendienst.

## CIO / CTO
*Jobtitel*

CIO ist die Kurzform von Chief Information Officer. Der CIO eines Unternehmens ist für die Realisierung und Planung von IT-Projekten zuständig. Die Aufgaben sind: Sicherstellung des Tagesgeschäftes, also bestehende Software und Hardware stets einsatzbereit halten. Der zweite Teilbereich der Arbeit eines CIO bezieht sich auf die innovative Ebene einer IT-Architektur. Hier kümmert er sich darum, technische Neuerungen und ihr Potenzial für das Unternehmen zu erkennen und diese dann auch zum richtigen Zeitpunkt einzuführen. Der dritte Aufgabenbereich beinhaltet quasi die strategische und stetige Verbesserung der Unternehmensabläufe auf IT-Ebene, die dem Unternehmen beispielsweise effizientere Arbeitsabläufe, neue Betätigungsfelder oder einen Marktvorteil ermöglichen können.

## Closing
*Unternehmensankauf*

Das Closing beendet eine erfolgreiche M&A-Transaktion. Ein anderer Zusammenhang, in dem Closing verwendet wird, ist im Rahmen von Aktivitäten an der Börse. Hier bezeichnet das Closing beziehungsweise ein Close Kurs, den ein Wertpapier am Ende eines Handelstages vorweisen kann. Das Gegenteil zum Closing stellt hier das sogenannte Opening, was folgerichtig den Eröffnungswert eines Wertpapieres beinhaltet.

## Cluster
*Strategie*

Laut Definition sind Cluster homogene Gruppe von bezüglich eines bestimmten Merkmals gleichartigen Elementen. In der Start-up-Welt wird auch gerne vom Clusterrisiko gesprochen. Das Phänomen beschreibt ein Risiko, dass Geschäftsmodell zu abhängig von Dritten zu machen respektive nicht sehr volatil zu sein.

Beispiele:

Ein Unternehmen hat ausschließlich nur Autohersteller als Kunden. Hier besteht das Klumpenrisiko in dem Segment „Auto" und das Unternehmen ist abhängig von der Marktnachfrage nach Pkws. Weiterhin findet man Cluster auch in Agenturen, z. B. wenn ein Großkunde mehr als 10 % für den Umsatz verantwortlich ist. Beauftragt der Großkunde eine andere Agentur, dann folgt automatisch ein Stellenabbau. Auch Lieferantenabhängigkeiten können Cluster darstellen, z. B. wenn nur in einem Land hergestellt wird, nur ein Hersteller das Produkt anfertigen kann usw.

## CLV
*Kennzahl*

Der Customer Lifetime Value gibt den Kundenwert
während einer Geschäftsbeziehung an. Diese Kennzahl ist
einer der wichtigsten überhaupt, denn was viele nicht
verstehen, ist, dass die Akquise Kosten (Wegezoll) über
Google so teuer geworden sind, dass eine First-Order-
Profitabilität unmöglich wird. Erst durch gutes CRM und
der zweiten und dritten Bestellung wird der Kunde für das
Unternehmen profitabel. Das bedeutet kausal, dass wir
Liquidität vorhalten müssen, da der Kunde zuerst nicht
unprofitabel ist und zugleich muss das Profiling
perfektioniert werden, damit der Kunde nicht nur einmal
bestellt. Kumuliert gibt der CLV den durchschnittlichen
absoluten Wert an, den das Unternehmen mit einem
Kunden erwirtschaftet. Jeder gute Marketer ermittelt
dabei unterschiedliche CLV für die einzelnen Kanäle und
Produkte oder Dienstleistungen. Viele der etablierten
Unternehmen können dies mit ihren Datenquellen nicht
leisten, was es daher schwieriger macht zu entscheiden,
welche Produkte, Regionen oder Dienstleistungen forciert
werden müssen. Ohne zu wissen, was ein Kunde pro Kanal
und pro Produkt kostet und ohne zu wissen, was der
Kunde jeweils an Reingewinn beiträgt, kann man schlecht
Entscheidungen treffen oder zumindest nur mit
Bauchgefühl.

## CMS
*Software*

Ein CMS ist ein Redaktionssystem, mit dessen Hilfe der
Inhalt z. B. von Websites verwaltet wird. Dabei erfolgt eine
Trennung von redaktionellem Inhalt und dem Layout,
sodass sowohl Inhalt als auch Layout getrennt voneinander

verändert werden können, ohne in den jeweils anderen Bereich eingreifen zu müssen. CMS werden vor allem zum Betreiben von Websites, aber auch für „Offline-Plattformen" (in Intranetzwerken) eingesetzt.

Beispiele:

Nutzen Sie gerne die Plattform „OMR Reviews" um sich objektiv beraten zu lassen.

## Co-Founder
*Gründung*

Wenn mehrere Gründer ein Start-up gründen, tragen sie alle den Titel Co-Founder. Sollten Sie einen Co-Founder für ein Start-up suchen, dann gebe ich Ihnen einen essenziellen Tipp mit! Natürlich sollte der potenzielle Mitgründer Verantwortungsbewusstsein haben, Durchhaltevermögen, führungsstark sein und fachlich einen Mehrwert mitbringen, gleichwohl gibt es ein Attribut, welches noch wichtiger ist: Nachhaltigkeit! Es ist unabdingbar, dass schon vor dem Start geklärt wird, ob man später einen schnellen Exit anstrebt oder das Unternehmen nachhaltig acht Jahre aufbauen möchte. Viel zu viele Start-ups scheitern an dieser Entscheidung und verfallen in bilateralen Auseinandersetzungen, weil die Gründer unterschiedliche Erwartungshaltungen mitbringen. Dann kauft der eine Gründer dem anderen die Anteile ab, man wechselt in den Verwaltungsrat, der eine möchte etwas Neues gründen etc. ...

## Commitment
*Führung*

Commitment ist ein englischsprachiger Begriff, der so viel wie „Verpflichtung" oder „Bindung" bedeutet. Im personalwirtschaftlichen Bereich lässt sich dieser Begriff am besten mit „Loyalität" umschreiben. Unterschieden wird in affektives Commitment (emotionale Verbindung zum Unternehmen), normatives Commitment (moralische Verpflichtung zum Unternehmen) und kalkulatorisches Commitment (rationale Überlegung, z. B. wenn das Ausscheiden des Mitarbeiters aus dem Unternehmen zu persönlichen höheren Kosten führen würden).

## Competetiv
*Fremdwort*

Kompetitiv (deutsch) bedeutet auf Wettbewerb ausgerichtet sein; in einem Wettbewerb bestehen können.

## Compliance
*Organisation*

Der Begriff Compliance bedeutet im engeren Sinn die Einhaltung von Gesetz und Recht durch das Unternehmen und seine Mitarbeiter. Compliance Management ist demnach nichts anderes als ein strukturierter Aufbau von internen Regeln und Richtlinien, die von den Mitarbeitern des Unternehmens eingehalten werden. Durch eine funktionierende Compliance Organisation können straf- und zivilrechtliche Risiken reduziert werden.

Beispiele:

Speziell im Health Segment gibt es rechtliche Compliance Anforderungen, z. B. darf ein Arzt keine Apotheke oder Sanitätshäuser empfehlen. Im öffentlichen Dienst gibt es klare Regeln wie viel Euro Geschenke von Dritten angenommen werden dürfen, ohne als Bestechung zu gelten.

## Community
*Kunden*

Eine Community bezeichnet eine virtuelle Gemeinschaft bzw. einen Zusammenschluss von Internet-Nutzern, die sich auf speziell dafür eingerichteten Online-Plattformen austauschen. Kommuniziert wird zum Beispiel innerhalb der Web Community per E-Mail, Chat, Newsboard, Tauschbörse, Instant-Messenger, Foren, MatchMaking. Aber auch offline gibt es zu bestimmten Produkten und Dienstleistungen ganze Communities.

Beispiele:

Die Drogeriekette DM hat Tausende Facebook-Gruppen mit Millionen von Mitgliedern, die sich zu den Produkten von DM austauschen. Bei sozialen Netzwerken werden ebenfalls die Follower als Community bezeichnet, meist eine sehr treue Fangemeinde, die bereit ist, sich wöchentlich diverse Stunden in der hart kompetitiven Aufmerksamkeitsökonomie mit dem Content des Anbieters auseinanderzusetzen respektive sich sehr mit dem Anbieter identifiziert.

## Content
*Marketing*

Als Content bezeichnet man alle Formen von Inhalten im Internet. Dazu können Texte gehören, genauso wie Bilder, Videos oder auch andere Formate. Der Spruch „Content is King" gilt nicht nur im Rahmen der Suchmaschinenoptimierung. Mittlerweile hat jedes Unternehmen, ob Start-up oder börsennotiertes DAX Mitglied verstanden nicht mehr als Produkt- oder Dienstleistungsanbieter zu fungieren, sondern als Content Plattform. Im Prinzip geht es immer wieder darum, in der hart kompetitiven Aufmerksamkeitsökonomie die Kunden mit langen Verweildauern und vielen Touchpoints an die Marke zu binden. Unternehmen veröffentlichen YouTube-Kanäle und Podcasts etc. Es geht also nicht mehr darum, nur den einen Engpass des Kunden mit einem Produkt zu lösen, sondern dem Kunden eine neue Form der Lösungsökonomie anzubieten.

Beispiele:

Anstatt dem Kunden nur einen Rollator für eine verbesserte Mobilität im Alltag zu verkaufen, geht es darum, dem Kunden die gesamte Lebensqualität zu schenken. Ein Kunde mit Immobilitätsdefiziten braucht eventuell auch eine Putzkraft, einen Gärtner, einen Einkaufsservice, Antisturzhilfen etc. Anstatt also nur Produkte zu verkaufen, wird der Anbieter zu einer Art Plattform mit Marktplatzdienstleistungen sowie Informationen (Content) zwecks Lösungsoptimierung.

## Conversion
*Online Marketing*

Unter Conversion wird im Online-Marketing-Kontext meist die Umwandlung eines Besuchers einer Webseite, also eines Interessenten, zum Kunden oder wenigstens zum registrierten Nutzer verstanden. Es kann aber auch schlicht eine bestimmte digitale Aktion wie den Klick auf einen Banner meinen. Mittlerweile gibt es dafür die Jobbezeichnung „UX-Designer", also Konversion-Optimierer, die sich nur um die Nutzererfahrung kümmern. Anstatt beispielsweise den Traffic im Onlineshop zu erhöhen, kann es Sinn macht, die Conversion Rate um ein Prozent zu erhöhen, da dadurch Umsatz generiert wird.

Beispiele:

Download, Newsletteranmeldung, Kontaktaufnahme, Klicken, Kaufen etc. Conversion hängt von Tausenden Faktoren ab, z. B. Farbauswahl, Relevanz, Content, Call to Action etc. Nützliche Tools sind beispielsweise Crazy Egg.

## COO
*Jobtitel*

Der Chief Operation Officer ist der Pragmatiker unter den Managern und wird oftmals mit COO abgekürzt. Während der CEO eher generelle und vor allem strategische Entscheidungen innerhalb und für das Unternehmen trifft, bestimmt der COO den konkreten und tagtäglichen Ablauf des Geschäfts. Umso größer ein Unternehmen wird, umso wahrscheinlicher ist es, dass man die Verantwortlichkeiten für die strategischen Themen mit den operativen Aufgaben trennen sollte.

## Cookie
*Webseite*

Cookies sind Dateien, die von Webseiten auf dem lokalen Rechner des Users gespeichert werden und beim wiederkehrenden Besuch der Webseite abgerufen werden. Gespeichert werden u. a. das Verhalten des Users. So werden also nicht nur webseitenbedingte Informationen gespeichert, sondern auch nutzerbedingte Informationen. Aufgrund der sensiblen Daten greift deswegen in Deutschland das Datenschutzgesetz zur Sicherung der Privatsphäre.

Beispiele:

About You nutzt Cookiedaten, um jedem User individuelle Startseiten und Produkte anzuzeigen. Cookies sind jedoch auch essenziell um virtuelle Warenkörbe zu ermöglichen, d. h. bei erneuten Besuchen den Warenkorb nicht erneut füllen zu müssen. Der Vorteil hierbei ist, dass der User sich nicht erneut anmelden muss. Im Online Marketing unterscheidet man aufgrund der DSGVO unterschiedliche Cookie Typen. Tracking-Cookies ermöglichen das Auslesen vom Nutzerverhalten sowie das Profiling, essenzielle Cookies sind Grundvoraussetzung für den Warenkorb und die effiziente Verwendung von Webseiten für die User.

## Copycat
*Gründung*

Copycat meint das Kopieren einer Geschäftsidee, welche sich meist schon im Markt, primär in anderen Ländern erfolgreich durchgesetzt hat.

Beispiele:

Zalando gilt als Copycat von Zappos, getrieben durch Rocket Internet. Weiterhin aber auch Dr. Oetker, die z. B. als potenzieller Investor in Flaschenpost agierten und trotz

NDA Durstexpress gegründet haben, nachdem sie tiefe Einblicke in die Zahlen bekamen.

## Core Update
*Suchmaschinenoptimierung*

So bezeichnet eine Suchmaschine eine Modifizierung für den Algorithmus, welcher zur Bewertung von Webseiten verwendet wird. Kleinere Anpassungen werden als Refresh bezeichnet. Googles Algorithmus besteht aus ca. 250 Faktoren. Wird einer dieser Indikatoren maßgeblich modifiziert, spricht man von einem Core Update, denn die Folgen können für die Webseitenbetreiber enorm sein. So gab es in der Vergangenheit große Updates wie Penguin, bei dem Hunderttausende Webseitenbetreiber bis zu 50 % des Traffics verloren oder gewonnen haben.

## CPA / CPO / CPL / TKP
*Kennzahl*

Die CPA (Cost per Action) gibt die Abrechnung der Kosten für die Werbung nach einer bestimmten Aktion eines Users an. Unterschieden wird in Cost per Sale und Cost per Order. Geht es also um die Kosten pro Verkauf, sprechen wir von CPO, bei Kosten pro Kontaktaufnahme oder Kontaktverkauf um CPL (Cost per Lead). Beide Formen sind deutlich risikoaverser als der Cost per Click (CPC) oder Tausender-Kontakt-Preis (TKP). Der TKP wird speziell bei Newslettern oder Out of Home Kampagnen verwendet und gibt an, wie viel Geld man zahlen muss, damit die Werbeanzeige 1.000 Sichtkontakte aufweist. Die Preise sind durch die Effektivität von Online Marketing Maßnahmen deutlich gesunken und variieren vom Medium. Tendenziell sollte man die TKPs vergleichen. Sie liegen durchschnittlich bei bis zu 5 Euro.

Beispiele:

About You geht sogar so weit, dass sie real die Effektivität von Plakaten prüfen, also den TPK des Anbieters analysieren, indem sie zählen wie viele Menschen das Plakat wirklich sehen.

## CPC
*Kennzahl*

Der Cost per Click gibt den Preis an, den man für einen Klick eines Users auf seine Werbeanzeigen bezahlen muss. Google beispielsweise rechnet mit CPC Preisen ab. Der CPC allein sollte niemals als einzelne Kennzahl betrachtet werden, denn wenn 100 User auf deine Anzeigen klicken, ein Klick 70 Cent kostet, also 70 Euro, dann wissen wir immer noch nicht, ob deine Anzeige profitable ist. Dafür müssen wir wissen, wie viele User auch gekauft haben. Daher nutzt man weitere Kennzahlen wie CTR, ROAS und ROI.

## Cram Down
*Finanzen*

Unter Cram Down versteht man den Sachverhalt, dass ein Unternehmen mehrere Anteile für weniger Geld an die Investoren abgeben muss. Konkret auch als Cross-Class Cram-Down bezeichnet: Demnach kann ein Unternehmen einzelne Gläubigergruppen gegen ihren Willen an eine Sanierungslösung binden. Im Kern gesunde Firmen können sich auch mit einzelnen Gläubigergruppen per Mehrheitsbeschluss auf einen Verzicht verständigen. Falls keine Vereinbarung mit allen Gläubigern oder Gläubigergruppen erreicht werden kann, kann das

Unternehmen dem Insolvenzgericht vorschlagen, den Restrukturierungsplan gegen die Stimmen der Gläubiger anzunehmen (cram down). Ein Cram-down-Restrukturierungsplan muss höhere rechtliche Anforderungen als ein einvernehmlich angenommener Restrukturierungsplan erfüllen.

## Crawlen
*Suchmaschinenoptimierung*

Ein Crawler ist ein Programm, das selbstständig das Internet nach Inhalten durchsucht und sowohl Webseiten als auch Information vollständig ausliest und indexiert. Da diese Suche automatisch abläuft, werden die Crawler auch Robots genannt. Viele denken, dass z. B. Google das Internet 24 Stunden am Tag scannt, aber dies ist nicht der Fall. Der Google Crawler startet auf einer Internetseite und folgt allen weiteten Webseiten, die auf der Ursprungsseite per Hyperlinks verlinkt sind. Werden die Inhalte für die Suchmaschine nicht nur gesichtet, sondern auch interessant, nennt man dies indexieren. Als Online Marketer kann man in der sogenannten Search Console Google sagen was indexiert und gecrawlt werden soll und was nicht. Weiterhin werden auch Webcrawler für Meta-Suchen verwendet. Meta-Suchen sind Webseitenanbieter, die z. B. die günstigsten Flüge aus anderen Webseiten kuratiert darstellen.

Beispiele:

Jede Webseite hat ein sogenannten Crawlingbudget der Suchmaschine, daher wollte man genau konfigurieren, welche Inhalte auf der Webseite wirklich indexiert werden sollen und welche nicht. Preisvergleichsportale suchen nach Informationen zu bestimmten Produkten, damit Preise vergleichen werden können.

## CRM
*Kundenmanagement*

Als CRM-Oberbegriff wird das Customer-Relationship-Management, also die Kundenbeziehung bezeichnet. CRM umfasst das gesamte Unternehmen zwecks Optimierung des Kundenlebenszyklus. Meist basiert das CRM aus der Datenbank, einer entsprechenden CRM-Software und einem CRM-Team. Ziel ist es, die Kundendaten effizient zu nutzen. Neben der Kaufhistorie und den Personendaten werden noch viele andere entschiedenere Informationen gespeichert. Das CRM-Team ist oft dem Marketing angeschlossen, denn an die CRM-Software werden primär auch die Emailsoftware angeschlossen, die Webseite und die sozialen Medien. Um dann Kunden automatisiert zu bespielen, schließt man auch eine Marketing-Cloud an. Heutzutage ist das CRM der maßgebliche Teil für den Unternehmenserfolg, denn Neukunden kann man per Wegzoll einfach online gewinnen, jedoch aufgrund des Wettbewerbs meist zu so hohen Akquisekosten, sodass die erste Transaktion nicht profitabel sein kann. Ein gutes CRM versucht also den Neukunden immer wieder zum Kauf zu animieren, bis der Kunde nach drei Bestellungen beispielsweise profitabel ist. Das ist übrigens auch der Grund, warum immer mehr Online eCommerce Unternehmen wieder offline Filialen eröffnen. Die Unternehmen sind in der Lage, jeden Kunden zu messen und wissen genau, wann ein offline Kunde profitabel wird. So gesehen sind dann Mieten keine Fixkosten mehr, sondern verstehen sich als partieller offline CPA.

Beispiele:

Ein Bestandskunde besucht den Webshop und legt etwas in den Warenkorb, jedoch ohne zu kaufen. Die CRM erhält diese Daten und prüft nun, welche Maßnahme die höchste Kaufwahrscheinlichkeit aufweist und zeitgleich auf welchem Kanal dies erfolgen soll. So bekommt der Kunde in diesem Beispiel ein Gutschein per Newsletter zugeschickt. Der Kunde reagiert nicht, also wird automatisiert eine Postkarte nach Hause geschickt. Da der Kunde auch darauf nicht reagiert, wird der Kunde mit dem Cookie per Retargeting mit Display Ads, also Bildwerbeanzeigen, auf fremden Webseiten „verfolgt", um diesen mit FOMO Werbung („Nur noch drei Stück auf Lager") zum Kauf zu animieren.

## Cross-Selling
*Vertrieb*

Als Cross-Selling bezeichnet man das Ausschöpfen vorhandener Kundenbeziehung in der Annahme, dass es kapitalbedingt effizienter ist, einen Bestandskunden ein zweites Produkt zu verkaufen als einen Neukunden zu gewinnen. Cross-Selling ist als die Kunst des Vertriebs, Adress- und Kundenpotenziale maximal auszunutzen. Wichtig dabei ist, dass man immer versucht, sich aufbauende Produkte im Sale Portfolio anbieten zu können. Ein Seminarbesucher ist nach dem Ereignis potenzieller Käufer eines Coachings usw. oft wird das Cross-Selling mit Selling-Up verwechselt. Beim Selling-Up geht um die Erhöhung des ursprünglichen Warenkorbes bei der ersten Transaktion.

Beispiele:

Online Reiseunternehmen bieten beim Kaufprozess Versicherungen mit an.

## Crowdworking
*Outcouring*

Beim Crowdworking gibt es Menschen (Crowdworker), die für eine große Masse arbeiten, z. B. Programmierer, Designer, Content Creater usw. Die Aufträge werden meist über Internetplattformen angeboten und von einem oder mehreren Crowdworkern bearbeitet.

Beispiele:

Um feste Arbeitsplätze zu sparen, wird ein einmaliger Auftrag für einen Flyer über die Plattform Fiverr an einen Freelancer vergeben.

## CTA
*Kennzahl*

Im Marketing spricht man von einer Handlungsaufforderung, einer Call to Action. Jede Werbeaktivität sollte einen CTA enthalten, um die Kunden unterbewusst zu einer Handlung zu animieren. Bei einem Werbespot im linearen Fernsehen kann dies sein, ein Produkt zu kaufen, auf einem haptischen Flyer eine Webseite zu besuchen, in einem Radiospot eine Probefahrt zu buchen. Im Online Marketing werden CTA primär in Buttons eingesetzt.

Beispiele:

„Jetzt unverbindlich und kostenfrei beraten lassen", „jetzt kostenfrei testen" oder „jetzt unverbindlich mehr erfahren".

## CTR
*Kennzahl*

Die Click-Through-Rate bezeichnet das Verhältnis von Klicks auf deine Werbung zu der Gesamtzahl der Impressions (wie viele User deine Anzeige gesehen haben). Sie wird in Prozent angegeben und wird meist mit der CTC erhoben. Umso höher die CTR, umso treffender und relevanter ist deine Anzeige bei der Zielgruppe. Die durchschnittliche CTR wird aufgrund der Desensibilisierung der User auf zwei bis vier Prozent geschätzt.

## Daily activ User
*Kennzahl*

Aktive Benutzer dienen als Messinstrument für Internetprodukte, Webservices und Apps. Die Zahl gibt an, wie viele Benutzer das Produkt in einem bestimmten Zeitraum besuchen, also pro Monat (MAU), pro Woche (WAU) oder pro Tag (DAU). Den Spitzenwert gleichzeitiger Benutzer nennt man PCU (Peak concurrent users). Oft geben Unternehmen nur beispielsweise Downloadzahlen an, was bei Unternehmensbewertungen (Marktkapitalisierung) zu Irreführung führen kann. Die politische App „Wahl-O-Mat", welche hilft eine passende Partei zu seinen Werten zu identifizieren, wird beispielsweise nur alle vier Jahre verwendet, obwohl die Downloadzahlen zeigt, dass die App millionenfach heruntergeladen wurde. Das Verhältnis von DAU zu MAU ist daher eine simple Methode zwecks Erfolgsmessung. Ein Verhältnis von über 0,2 gilt als Benchmark. Wichtig dabei ist, die Messmethodik zu analysieren, denn manche Unternehmen geben den DAU mit Anmeldungen an, andere mit Abonnenten und wiederum andere mit Interaktionen innerhalb des Produktes.

Beispiele:

Durch Push-Notification und E-Mail-Benachrichtigungen sowie dem Gamification-Ansatz wird versucht die DAU zu steigern.

## DAM
*Software*

DAS ist nicht die deutsche Abkürzung für Dekameter, sondern bedeutet Digitales Asset Management Software. Diese ermöglicht es Benutzern, Dateien, Dokumente, Videos und Bilder ortsunabhängig in unterschiedlichen Ordnersystemen zu speichern und zu verwalten. Innerhalb der DAM Software können unterschiedliche Benutzerrollen angelegt werden, Freigabeprozesse integriert werden und Logos beispielsweise Retailern zur freien Verfügung gestellt werden.

Beispiele:

In einem Konzern werden von allen Unternehmen alle Werbematerialien hochgeladen. Sucht ein Abteilungsleiter im Unternehmen A nach Flyern mit dem „Suchbegriff" Rollator, dann bekommt er alle konzernweiten Flyer selektiert, in denen Rollatoren angeboten werden.

## Dashboard
*Messinstrument*

Ein Dashboard wird im Vertrieb oder Marketing eingesetzt. Im Marketing beispielsweise ermöglicht es, wichtige Marketing Kennzahlen live im Blick zu behalten. So werden alle wichtigen Informationen zu Umsatz, Akquisekosten,

Leads, Besucherzahlen etc. aus unterschiedlichen Kanälen (Mail, Social Media, Salesforce etc.) auf einer Übersicht visuell dargestellt. Bei uns im Unternehmen haben wir beispielsweise Fernseher aufgehängt, welche die sogenannten ROI pro Kampagne anzeigen.

## Deal Flow
*Ventures Capital*

Als Dealflow bezeichnet man den „Handelsfluss", also die Investitionsvorschläge, welche Venture Capital Gesellschaften zwecks potenzieller Beteiligungen angeboten werden. Umso höher und spitzer die Anzahl und Qualität der Dealflows, umso mehr Auswahlmöglichkeit hat der VC, sodass dieser natürlich versucht, in der Aufmerksamkeitsökonomie als potenzieller Partner für passende Start-ups auffindbar zu sein.

## Deep Work
*Arbeitsmethode*

Bei Deep Work geht es darum, den Arbeitnehmern eine ungestörte Arbeitsatmosphäre zu bieten, um so effektiv und störungsfrei arbeiten zu können.

## Delisting
*Börse*

Beim Delisting, auch als Börsenrückzug bezeichnet, handelt es sich um die dauerhafte Einstellung der Börsennotiz. Das Delisting ist ein verwaltungsrechtlicher Vorgang, durch den die Aktie dauerhaft vom Handel im regulierten Markt entfernt wird. Mögliche Gründe für ein solches Vorgehen können ein sogenanntes Going Private nach einer

Unternehmensübernahme oder die Vermeidung der umfassenden Publizitätspflichten börsennotierter Aktiengesellschaften sein. Ein Delisting kann auch durch die Zulassungsstelle der jeweiligen Börsenaufsichts- und/oder der Finanzdienstleistungsbehörde veranlasst werden, wenn ein ordnungsgemäßer Handel in dem Wertpapier nicht mehr gewährleistet werden kann.

Beispiele:

06. April 2020 Axel Springer SE; Rocket Internet Q4 2020

## Design Thinking
*Kreativprozess*

Kurz gesagt ein Kreativprozess mit Orientierung am Nutzer durch Design-Methoden und dient der Förderung kreativer Ideen. Primär sollen Innovationen gefördert werden, die sich am Nutzer orientieren und dessen Bedürfnisse befriedigen. Beim Design Thinking werden dauerhaft interaktive Schleifen vollzogen, schnell Prototypen gebaut, getestet und modifiziert.

## Digitaler Darwinismus
*Strategie*

Gemeint sind Unternehmen, die sich schnell an neue Umstände anpassen müssen. Unternehmen müssen agil sein, sie müssen neue Technologien effizient in der eigenen Wertschöpfungskette adaptieren, damit sie halt nicht im Wettbewerb überholt werden. Doch was hat das mit der von Charles Darwin aufgestellten Evolutionstheorie zu tun? Darwin analysierte unter anderem die Gründe dafür, dass im Prozess der Evolution einige Spezies Jahrhunderte oder gar Millionen von Jahren überlebt haben, während andere ausgestorben sind. Die fehlende Anpassungsfähigkeit dieser Arten an sich verändernde Gegebenheiten hatte laut Darwin eine natürliche Selektion zur Folge. Die „Selektion" ist eine der Annahmen aus Darwins Theorie.

Beispiele:

Nokia unterschätzte die digitale Evolution des Smartphones und deren Potenzial kolossal. Und dabei war Nokia von 1998 bis 2011 Marktführer im Bereich Mobiltelefone, 2007 sogar im Smartphone-Markt. Im Herbst desselben Jahres stellte Apple das erste iPhone vor. Der Unterschied, der Nokia fast das Genick brach, war der Touchscreen. Die Faszination des Touchscreens, welche das Unternehmen erst weit nach der Konkurrenz bediente, kostete Nokia innerhalb von zwei Jahren fast die Hälfte seines Handy-Weltmarktanteils. Dieser lag in den besten Zeiten immerhin bei rund 40 Prozent.

## Digitaler Nomade
*Arbeitsweise*

Bei digitalen Nomaden handelt es sich meist um Freelancer oder Selbstständige, manchmal jedoch auch um Angestellte und Arbeitnehmer, deren Arbeitsweise vor allem durch ein entscheidendes Kriterium definiert wird: ortsunabhängiges Arbeiten. Wie die Nomadenvölker, von denen der Begriff abgeleitet wurde, zeichnen sich digitale Nomaden dadurch aus, dass sie nicht an einen Arbeitsplatz gebunden sind, sondern frei entscheiden können, wo sie ihrer Arbeit nachgehen wollen. Speziell die Digitalisierung hat Orte wie Bali in digitale Nomaden Hotspots verwandelt. Hier arbeiten Designer, Content Creator, Blogger, Übersetzer, Berater und Online Marketer als

Freelancer. Der Grund für die Ortswahl ist simple: Meist keine Touristenhochburgen, gleichwohl sonnig mit Meerblick, wenig Steuern und geringe Lebenshaltungskosten. So können 200 Euro am Tag für ein Leben auf Bali reichen.

## Direct to Consumer
*Strategie*

Siehe B2B2C

## Display Ad
*Online Marketing*

Bannerwerbung, auch Display Advertising, ist ein Element der klassischen Onlinewerbung, dem sogenannten Display Marketing. Sie setzt auf grafische Werbemittel wie Banner, Buttons, Videos, Animationen oder Bilder und gliedert sich dabei in grafische und animierte Designs auf. Die Banner dienen als Link zu der Website des Werbenden, wobei der Betreiber der Seite bereits daran verdienen kann, dass der Banner auf seiner Website angezeigt wird. Finanziert wird Display-Werbung prinzipiell durch zwei verschiedene Modelle. Zum einen ganz klassisch über den Tausender-Kontakt-Preis (TKP), bei dem der Kunde einen bestimmten Preis pro tausend Einblendungen zahlt. Zum anderen über ein erfolgsabhängiges Modell, bei dem nur dann gezahlt wird, wenn durch die Anzeige eine bestimmte Aktion des Users erfolgt. Diese Aktion kann ein Klick sein (Pay-per-Click), eine Registrierung (Pay-per-Lead) oder ein Kauf (Pay-per-Sale), also klassische Elemente des Performance Marketings.

Beispiele:

Weiterhin werden Display Ads auch als Retargeting Methode eingesetzt, um Kaufabbrecher per Cookie zu verfolgen und auf dritten Webseiten mit passenden Anzeigen doch noch zum Kauf zu animieren.

## Disruption
*Strategie*

Disruption ist ein Prozess, bei dem ein bestehendes Geschäftsmodell oder ein gesamter Markt durch eine stark wachsende Innovation abgelöst wird. Bestehende, traditionelle Geschäftsmodelle, Produkte, Technologien oder Dienstleistungen werden immer wieder von innovativen Erneuerungen abgelöst und teilweise vollständig verdrängt. Der Unterschied zwischen einer normalen Innovation, wie sie in allen Branchen vorkommen kann, und einer disruptiven Innovation liegt in der Art und Weise der Veränderung. Während es sich bei einer Innovation um eine Erneuerung handelt, die den Markt nicht grundlegend verändert, sondern lediglich weiterentwickelt, bezeichnet die disruptive Innovation eine komplette Umstrukturierung beziehungsweise Zerschlagung des bestehenden Modells.

Beispiele:

Das Streaming disruptierte das lineare Fernsehen, Spotivy den Plattenmarkt und Fintechs die Bankenbranche.

## Domain
*Internetseite*

Die Domain ist der weltweit eindeutige Name einer Website. Eine komplette Domain besteht aus Third-Level-

Domain (Subdomain), Second-Level-Domain und Top-Level-Domain (TLD). Jeder Webserver ist durch einen einzigartigen numerischen Code gekennzeichnet. Diese sogenannte IP-Adresse ermöglicht es einem Browser, gezielt Hosts anzusprechen, um Webseiteninhalte abzurufen. Menschliche Internetnutzer bekommen diese Zahlenfolgen in der Regel nicht zu Gesicht. Und das aus gutem Grund: IP-Adressen wie 93.184.216.34 bleiben nur schwer im Gedächtnis und sind anfällig für Tippfehler. Beim Webseitenaufruf hat sich daher eine alphanumerische Methode der Adressierung etabliert: die Domain.
Beispiele:

Auf Strato, 1&1 und Checkdomain kann man sich für wenige Euros Domain sichern. Es gibt wie mich auch Domainhändler, die mit dem Handel solcher Domains Gewinne erzielen. Nicht zu empfehlen, jedoch profitabel ist es beispielsweise detailliert News zu bestimmten Themen zu verfolgen (die Domain esports wurde für vier Millionen Euro verkauft, Einkaufskosten 12 Dollar pro Jahr) oder frischen Start-ups die Länderdomains wegzukaufen. Das Start-up TTZ GmbH mit der Marke TTZ wurde laut Crunchbase gegründet. Nun könnte man die Domains von Österreich, Schweiz, Polen etc. kaufen, um eine Expansion des Start-ups zu erschweren und auf einen Verkauf zu hoffen.

## Down Round
*Finanzierung*

Eine der größten Herausforderungen im Venture-Capital-Bereich ist die Unternehmensbewertung eines Start-ups. Denn diese jungen, schnell wachsenden Unternehmen verzeichnen besonders in der Frühphase kaum Umsätze oder Cashflows, was eine zuverlässige Unternehmensbewertung sehr schwierig macht. Deshalb kann es passieren, dass Investoren bei einer Finanzierungsrunde auf unterschiedliche Bewertung von Start-ups kommen. Man spricht im Venture-Capital-Jargon von einer Downround, wenn ein Start-up eine Anschlussfinanzierung zu einer Bewertung durchführt, die niedriger ist als die Bewertung der letzten Finanzierungsrunde, was natürlich nicht optimal für die Unternehmensgeschichte ist, um später weitere Investoren zu gewinnen.

## Drag Along
*Finanzierung*

Drag-Along-Klauseln werden regelmäßig vertraglich zwischen verschiedenen Anteilseignern von Gesellschaften fixiert. Vereinbart der Mehrheitsgesellschafter den Verkauf seiner Anteile an Dritte, so sichert ihm ein Drag-Along-Recht zu, dass auf seinen Wunsch auch alle Minderheitsgesellschafter ihre Anteile an den neuen Investor verkaufen müssen. Zumeist gelten für diese Transaktion dieselben Verkaufspreise wie für den Verkauf der Anteile des Mehrheitsgesellschafters. Zum Schutz der Minderheitsgesellschafter werden häufig Mindestpreise. Je nach Vertragsgestaltung werden Drag-Along-Rechte auch mit Call-Optionen kombiniert, die den Mehrheitsgesellschaftern auch erlauben, selbst alle Anteile der Minderheitsgesellschafter zu erwerben.

## Dropshipping
*Strategie*

Das Dropshipping ist ein E-Commerce-Geschäftsmodell, bei dem der Online-Händler Ware verkauft, die er selbst gar nicht auf Lager hat. Der Händler bestellt die Ware nach dem Einkauf des Kunden im Onlineshop bei einem Großhändler oder Hersteller, der sie dann direkt zum Kunden versendet. Angefangen hat die digitale Welt mit Webshops, wo Retailer Ware Dritter verkauft haben. Im Wandel wurden dann Eigenmarken immer populärer. Um den Attributen Preis, Service und vor allem Produktportfolio gerecht zu werden, haben sich dann viele der Shops zu Marktplätzen entwickelt, auf denen Dritte auf eigenen Namen Ware verkaufen können. Der Marktplatz hat also den Kundenzugang als Wertschöpfung und kuratiert die Angebote für die User. Eine Strategie kann es aber auch sein, sein eigenes Produktportfolio weiterhin anzureichern, indem man Ware auf seinen Namen verkauft, diese aber nicht auf Lager hält, um Lagerkosten zu reduzieren. Für den Kunden tritt der Dropshipper (Großhändler) allerdings nicht direkt in Erscheinung; es entsteht das Gefühl, dass alle Leistungen aus einer Hand kommen, da die Lieferungen den Kunden in neutralen oder angepassten Verpackungen erreichen. Dropshipping ist somit der direkte Gegensatz zum klassischen Einzelhandel: Der Online-Händler hat keinerlei Kontakt zum Produkt, das er verkauft. Er spart mit Dropshipping also die kostenintensiven Bereiche Lagerhaltung und Logistik ein, überspringt also ein großes Glied der Lieferkette. Dropshipping ist auch als Streckengeschäft bekannt.

## Due Diligence
*Unternehmensbewertung*

Bei der Due-Diligence-Prüfung wird ein Unternehmen oder eine Person sorgfältig auf wirtschaftliche, rechtliche, steuerliche und finanzielle Verhältnisse analysiert. Das umfasst beispielsweise Umsatzzahlen, Gesellschafterstrukturen oder mögliche Verbindungen zu

Wirtschaftskriminalität wie Korruption und Steuerhinterziehung. Eine solche Überprüfung ist notwendig, sobald ein Unternehmen Beziehungen mit Geschäftspartnern unterhält oder beispielsweise ein anderes Unternehmen aufgekauft werden soll. Ein Due Diligence Prozess ist extrem aufwendig und bedarf nicht selten Due Diligence Berater oder Kanzleien, die mit ihren Experten den Prozess übernehmen. So prüfen Rechtsanwälte Markenrechte, Patente, Verträge und vieles mehr; Marketing Gutachter wie ich es selber anbiete, ob ein Geschäftsmodell skalierbar, was ein Kunde pro Kanal kostet etc.; ein Wirtschaftsprüfer die Bilanzen und Jahresabschlüsse und so weiter. Der Prozess kann schnell mehre Monate und Jahre dauern. In der Regel leitet jeder Ventures-Capital-Geldgeber nach Interesse die Due Diligence ein.

## Duplicate Content
*Online Marketing*

Hier handelt es sich um identische oder sehr ähnliche Inhalte, die über unterschiedlichen URLs auffindbar sind. Man unterscheidet zwischen internen und externen Duplicate Content. Der Umgang beziehungsweise die Vermeidung von Duplicate Content ist in der SEO-Theorie eines der Kernthemen. Die wichtigsten Suchmaschinen können Duplicate Content sehr gut erkennen und teilweise herausfiltern. Dennoch erschwert dieser das Crawling und das Scoring der Inhalte. Die Vermeidung von Duplicate Content ist eine der Hauptaufgaben eines SEOs in der täglichen Arbeit. Bei Texten unterscheidet man zwischen exakt doppelten Inhalten und nahezu doppelten bzw. ähnlichen Inhalte. Bei internem Duplicate Content kann es zu eigener Keyword-Cluster Kannibalisierung führen, d. h. mehrere URLs der eigenen Webseite werden mit den gleichen Suchbegriffen und relevanten Suchphrasen indexiert, man konkurriert also mit seinen eigenen Inhalten auf die Top Platzierungen. Noch problematischer sind externer Duplicate Content, denn hierbei kann es sich um Content-Diebstahl handeln, Verbreitung von Presseartikeln oder Händler mit den gleichen Hersteller-Artikel-Beschreibungen. Nicht selten führt Duplicate Content zu Nichtindexierung, automatisierten Penalties (Platzierungsabstrafung von Google) oder sogar manuellen Penalties von Mitarbeitern der Suchmaschine.

Beispiele:

Nutzt gerne die Search Console, um zu prüfen, ob man von einem Penalty betroffen ist. Mit SEO Tools kann man ebenfalls Duplicate Content prüfen lassen.

### Early Adaptors
*Personentyp*

Ein Early Adopter ist eine Person, die die jeweilig aktuellsten technischen Neuerungen deutlich früher als die breite Masse nutzt und als Gatekeeper und Meinungsführer fungiert. Early Adopter legen auf diese Vorreiterrolle Wert und sind affin für neue Inhalte. Sie sind vertraut mit den verfügbaren Standards und interessieren sich vor allem für Dinge jenseits dieses Standards. So kommt es, dass Early Adopter auch nicht vor teuren oder unausgereiften Produkten zurückschrecken. Aufgrund dieser Eigenschaften der Nutzergruppe werden Produkte oftmals gerade für Early Adopter noch vor der endgültigen Fertigstellung vertrieben, wobei die Early Adopter dabei ein gutes Testpublikum für neue Produkte darstellen.

### Early Stage

*Finanzierung*

Die Early Stage wird weiter in die Seed-Phase und in die Start-up-Phase unterteilt. Vorgründungsphase: In der Seed-Phase besteht erst eine Idee von einem Produkt, einer Dienstleistung oder ein noch nicht fertig entwickelter Prototyp. Ein Business-Plan ist zu erstellen, die Gründungsvorbereitung beginnt und der Organisationsaufbau ist zu planen. Start-up-Phase: Sie umfasst die Schritte von der Unternehmensgründung bis zur Markteinführung, von der Forschung und Entwicklung bis zum Produktions- und Vertriebsaufbau. In der Start-up-Phase besteht die Unternehmung bereits bis zu einem Jahr. Es existiert ein fortgeschrittener Prototyp oder das Produkt ist größtenteils fertig entwickelt und muss auf die Markteinführung vorbereitet werden. In diese Phase fallen auch die Produktionsplanung und -vorbereitung, Entscheidungen zwischen Eigen- und Fremdproduktion oder zwischen Vertriebskooperationen und dem Aufbau eines eigenen Vertriebsnetzes. Es beginnt die Akquisition von Kunden und im weiteren Verlauf sind meist weitere Finanzierungsrunden notwendig.

## Earned Media
*Media*

Earned Media beschreibt eine Werbeform, die unabhängig von der offiziellen Markenkommunikation erfolgt und von Nutzern generiert wird. In diesem Modell kann zwischen drei unterschiedlichen Kommunikationskanälen oder auch Medien differenziert werden, die den Unternehmen zur Verfügung stehen, um ihre Kunden zu erreichen und entsprechende Inhalte zu vermitteln. Ein Teil sind die bezahlten Medien, welche als Paid Media bezeichnet werden und die klassischen Kanäle umfasst wie Print, TV,

Radio oder auch bezahlte Online-Anzeigen. Der zweite Teil dieses Modells ist die sogenannte Owned Media, welche die kompletten unternehmenseigenen Kommunikationskanäle beinhaltet. Hierzu zählen beispielsweise die Facebook-Seiten oder Twitter-Präsenzen. Das dritte Element besteht aus der Earned Media und beinhaltet virale Mund-zu-Mund-Propaganda über ein Unternehmen, die Marke oder das Produkten.

## EBIT / EBITDA
*Kennzahl*

EBIT steht für earnings before interest and taxes, also für Ergebnis vor Zinsen und Steuern. Es zeigt das Unternehmensergebnis, bevor die Aufwandspositionen Zinsen und Ertragsteuern abgezogen werden, also das Ergebnis der gewöhnlichen Geschäftstätigkeit aus der GUV. Sie sagt also aus, wie rentabel das operative Kerngeschäft läuft.

EBITDA ist die Abkürzung für earnings before interest, taxes, depreciation and amortization, also für Ergebnis vor Zinsen, Steuern und Abschreibungen. Um das EBITDA zu bekommen, brauchen Sie nur die Abschreibungen zum EBIT dazuzuzählen.

## Eigenkapital
*Kennzahl*

Dem Fremdkapital gegenüber stehen die Eigenkapitalgeber wie zum Beispiel Business Angels oder Family und Friends, die meist mit dem eigenen Ersparten das erste Eigenkapital für die Gründungskosten mitbringen. Sie fordern weder eine feste Verzinsung noch einen bestimmten Rückzahlungstermin. Durch die Beteiligung mit Eigenkapital am Unternehmen werden sie zu Miteigentümern und profitieren daher von einem positiven Geschäftsverlauf. Eigenkapitalgeber haben in der Regel ein Mitspracherecht und bringen oft auch ihr Know-how in das Unternehmen mit ein. Es gibt eine Reihe an möglichen Quellen für Eigenkapital, die bei einer Existenzgründung infrage kommen, wie zum Beispiel Wandeldarlehen, Venture Capital oder Crowdfunding. Wichtig ist, dass Sie sich über jeweilige Variante für Eigenkapital zuerst ausreichend informieren, um dann die Vor- und Nachteile abwägen zu können. Für die Gründung einer GmbH beispielsweise muss ein Betrag von 25.000 Euro als Sicherheit hinterlegt werden. Als Kennzahl beschäftigen Sie sich bitte auch mit der Eigenkapitalquote und Eigenkapitalrendite.

## Elevator Pitch
*Unternehmensvorstellung*

Ins Deutsche übersetzt bedeutet Elevator Pitch „Aufzugspräsentation". Die Bezeichnung rührt aus der Tatsache, dass die Präsentation der Geschäftsidee innerhalb einer sehr kurzen Zeit durchgeführt wird. In einer ebenso kurzen Zeit könnte man in einem Aufzug einige Stockwerke fahren. Die Länge des Vortrags dauert in der Regel circa 30 bis 60 Sekunden.

## Emerging Growth
*Unternehmensphase*

Nach der Start-up-Phase folgt in der Regel die Wachstumsphase, auch Emerging Growth Phase genannt. Wird also eine positive Entwicklung des Start-ups nach der eigentlich Gründungs- und Prototypphase prognostiziert, rückt das Wachstum des Unternehmens in den Vordergrund. Für ein Start-up ist es wichtig, die Gründungsphase möglichst schnell abzuschließen, um in die Wachstumsphase über zu gehen. Erst mit Erreichen einer kritischen Größe können die Anfangsinvestitionen amortisiert werden. Dies bedeutet nicht, dass stets anzustreben ist, möglichst zeitnah Gewinne zu generieren. Insbesondere Internetunternehmen profitieren von einem großen Netzwerk. Mit mehr Marktanteilen steigt nun natürlich auch die Erwartung an zukünftigen Gewinnmargen. Der Unternehmenswert wird aus dem Wachstum ermittelt. Nun entstehen natürlich neue Anforderungen an das Management, denn das Unternehmen muss expandieren. Typische Anzeigen für diese Phase ist ein exponentieller signifikanter Umsatzzuwachs sowie der Rückgang von Produktentwicklungsprozessen. Während der Wachstumsphase wird die Gewinnschwelle erreicht, was den Zugang zu Fremdkapital erheblich erleichtert. Das Führungsteam wird ausgebaut, ein Controlling wird integriert und der Vertrieb startet seine Marktpenetration.

## Employee Value Proposition
*Mitarbeiter*

Die Employer Value Proposition ist das Werteversprechen, das ein Unternehmen seinen aktuellen und auch zukünftigen Mitarbeitern gibt. Es geht für die Arbeitnehmer um die Frage: Was bietet mir diese Firma, das andere nicht bieten? Die EVP gibt dem Unternehmen ein charakteristisches Profil, das es im Wettbewerb auszeichnet und das dabei hilft, Mitarbeiter zu hiren und zu binden. Es ist also das Alleinstellungsmerkmal des Arbeitgebers.

## Engpass
*Fremdwort*

In Start-ups gibt es das Wort Problem nicht, sondern nur Engpässe, die aktuell in der Betrachtung von Wichtigkeit und Dringlichkeit den aktuell größten Engpass darstellen. Das Wort stammt aus der EKS Strategie: Die Strategie erhielt den Namen „Evolutions-konforme Strategie" (EKS), wurde später umbenannt in „Energo-kybernetisches System" und schlussendlich in „Engpasskonzentrierte Strategie". Die EKS beinhaltet vier Prinzipien. Diese lauten: Ganzheitliche Spezialisierung, Minimumprinzip, Immaterielle vor materiellen Vorgängen und Nutzen- vor Gewinnmaximierung.

## Entanonymisierung
*Marketing*

Konkret bedeutet es herauszufinden, wer der Kunde ist, obwohl dies Cookies und DSGVO versuchen zu verhindern. Diese Anonymität führt nämlich ferner dazu, dass Unternehmen den Kaufentscheidungsprozess ihrer Interessenten durch die Bereitstellung von relevantem Content zwar passiv unterstützen können, aber nicht in der Lage sind, diesen aktiv zu managen. Es bleibt die Frage, wie sie dafür aktiv Sorge tragen können, dass der jeweilige Interessent den für ihn relevanten Content zum passenden Zeitpunkt vorliegen hat. Diese Entanonymisierung und Personalisierung der Kommunikation ermöglicht Ihnen Marketing Automation. Marketing Automation schließt die letzte Meile zwischen Ihrem Unternehmen und den Kaufinteressenten. Durch Personalisierung finalisiert Marketing Automation schlussendlich den Kaufprozess.

## ESOP
*Mitarbeiterbeteiligung*

Employee Stock Option Plans oder kurz ESOPs beschreiben eine Art der Mitarbeitervergütung, in der Mitarbeiter eines Unternehmens durch Zuteilung von Gesellschaftsanteilen direkt an der Entwicklung des Unternehmens beteiligt werden. Durch diese Option kann der Mitarbeiter im Falle, dass die Option zu einem späteren Zeitpunkt etwas wert ist, am Erfolg des Unternehmens teilhaben. ESOPS bringen jedoch auch viel Komplexität und Nachteile mit sich, da Anteilsoptionen auch notariell beurkundet werden müssen, die Investorenstruktur wird unübersichtlich. Daher gibt es auch VSOPs: Bei VSOPs wird mit den einzelnen Mitarbeitern ein schuldrechtlicher Vertrag über eine anteilige Partizipation im Falle eines Exits geschlossen. Es wird also dem Mitarbeiter ein bestimmter Anteil am Exit-Erlös zugesprochen.

Beispiele:

Dreißig Mitarbeiten des Logistik Unicorns Rivigo erhielten insgesamt 10 Mio. US-Dollar, nachdem sie ihre Stock Options verkauften.

## Equity Story
*Finanzierungsgeschichte*

Der englische Begriff Equity Story, bedeutet so viel wie die Geschichte des Eigenkapitals und meint die zusammengefasste Darstellungsweise des Unternehmensbildes am Kapitalmarkt. So soll die Equity Story ein klares Bild, welches scharf und stimmig sein soll, mehr Interesse für Investoren wecken. So zielt die Equity Story darauf ab, den Investoren zu zeigen, welche Stärken und Chancen ein Unternehmen besitzt, wer bisher investiert hat, welche Potenziale dies aufweist und wie kapitaleffizient ein Unternehmen ist, aber auch, ob man das Unternehmen bisher selber finanziert hat, Business Angel an die Idee glauben oder prominente Geldgeber mit dabei sind.

## Exit
*Unternehmensverkauf*

Ein Exit bedeutet nichts anderes, als dass die Investoren bei einer guten Bewertung des Unternehmens ihre Unternehmensanteile beispielsweise in Form eines Trade-Sales verkaufen, und zwar mit dem höchstmöglichen Gewinn. Mit dem Verkauf steigen sie dann als Gesellschafter aus dem Unternehmen aus. Darin liegt auch der Ursprung des Begriffes Exit.

## Exponentielles Wachstum
*Unternehmensentwicklung*

Exponentielles Wachstum beschreibt ein Phänomen, was dem Menschen nur bedingt gelinkt zu „denken". Nimm ein Blatt Papier zur Hand und falte es einmal zur Hälfte. Wie dick wird das Papier nach dem ersten Falten sein? Es wird zweimal so dick sein wie das Papier am Anfang. Nun faltest du das Papier ein zweites Mal in der Mitte. Wie dick ist es jetzt? Wieder ist es doppelt so dick wie vor dem zweiten Falten, denn beim Falten hast du zwei Schichten des Papiers über die anderen zwei Schichten gelegt. Im Vergleich zum Papier am Anfang ist das zweimal gefaltete Papier jetzt viermal so dick. Exponentielles Wachstum, welches auch als unbegrenztes exponentielles Wachstum bezeichnet wird, liegt also dann vor, wenn sich eine Größe in jeweils gleichen Zeitabschnitten (Perioden) immer um denselben Faktor verändert. Gerade im eCommerce und bei Netzwerken kann dies sehr interessant sein, genau wie auf Marktplätzen.

Beispiele:

Nutze ich ein PIM System und lege dort Artikel an, welches das PIM System automatisiert auf zehn Marktplätzen und dem eigenen Webshop veröffentlicht, dann führt eine einmalige Anlage zum exponentiellen Umsatzwachstum. Beim Verfassen dieses Buches ist das Coronavirus Teil unseres Lebens, hier lässt sich das Beispiel ideal erklären. Die Inkubationszeit beträgt 14 Tage. Am ersten Tage stecke ich eventuell drei Personen an. Am zweiten Tag wieder drei Personen. Nun haben die drei Personen am ersten Tag aber auch schon jeweils drei Personen angesteckt und diese wiederum auch schon wieder welche, so entstehen exponentielle Verläufe. Auf Marktplätzen dient dieses Phänomen ebenfalls als Umsatzbringer, denn jeder Neukunde könnte nach Kauf auch Verkäufer auf der gleichen Plattform werden etc.

## Factoring
*Liquidität*

Factoring ist eine Finanzierungsmethode, bei der ein Unternehmen offenstehende Forderungen gegenüber Kunden vor deren Fälligkeit an einen Finanzdienstleister überträgt, der diese dann umgehend auszahlt. So wird verhindert, dass wertvolles Kapital aus gesunden Erträgen durch lange Zahlungsziele von Kunden in Außenständen gebunden bleibt. Aus der Sicht des Forderungsverkäufers ist Factoring der laufende Verkauf von kurzfristigen Forderungen an eine Factoringgesellschaft. Gegenstand des Factorings sind Forderungen aus Lieferungen und

Leistungen an gewerbliche Kunden; Forderungen an Verbraucher werden i.d.R. nicht angekauft. Der Factoringankäufer nimmt für die Risikoabnahme eine Factoringgebühr. Mit Factoring wird sichergestellt, dass die eigene Bonität gewahrt wird, dass die Kundenbeziehung stabil bleibt, immer genug Liquidität vorhanden ist und der Buchhaltungsaufwand gering bleibt.

## Family Office
*Kapitalgeber*

Das sind bankenunabhängige Verwaltungen von großen Vermögen, meist von sehr vermögenden Familien und Unternehmern. Die meisten Family Offices sind laut Kreditwesengesetz von der Bundesfinanzaufsicht erlaubnispflichtig. Das Family Office kümmert sich also um die Buchführung, das Controlling und Investitionen sowie um allgemeine Büroarbeiten wie Reisebuchungen etc. In Deutschland gibt es ca. 400 solcher Family Offices. Diese investieren überwiegend in Aktien und Immobilien, gleichwohl auch in Unternehmen, wobei der Fokus eher auf Spätphasen Investments liegt, respektive in etablierte KMUs mit wenig Risiko und mittelmäßiger Rendite. Ein Single Family Office nimmt meist Kunden ab einem Vermögen von 250 Millionen Euro an, ein Multi family Office betreut Kunden meist ab 15 Millionen Euro.

## Feel Good Manager
*Jobposition*

Der Feel Good Manager, auch als Chief Happiness Officer bezeichnet, verkörpert in einem Unternehmen die Vertrauensperson, Ansprechpartner, Ratgeber, Eventplaner und Vermittler sowie Bote. Das Ziel ist eine bestmögliche Arbeitsatmosphäre, indem er die

Bedürfnisse der Mitarbeiter erkennt und erfüllt. Mit Besetzung einer solchen Aufgabe versuchen Arbeitgeber in der Regel dem Fachkräftemangel entgegenzuwirken. In der Historie haben sich eine Musteraufgaben etabliert.

Beispiele:

Einmal wöchentliches, kostenfreies und gemeinsames Mittagessen, Wäschebotendienste, Meet und Greet, Mitarbeiterpartys, Events wie Paintball etc., betriebliches Gesundheitsmanagement, Deutschunterricht, Getränkeauswahl, Mitarbeiterumfragen, Design und Dekoration der Büroräume …

## Femtech
*Branche*

Femtech sind Unternehmen, die speziell Produkte für den Frauenmarkt entwickeln.

Beispiele:

Auch Clue ist eine App, mit der die Ovulation überwacht werden kann. Berühmteste Vertreterin dieser Sparte ist hierzulande wohl der Berliner Online-Sexshop Amorelie von Gründerin Lea-Sophie Cramer. The Female Company produziert, gestartet als D2C Unternehmen, nun auch in Kooperation mit DM und Co. BIO Tampons, BIO Slipeinlagen und BIO Einlagen. Ich rate jedem Leser, sich mit der Geschichte des Unternehmens auseinanderzusetzen und sich die zahlreichen Interviews der Gründer anzuhören. Ein echt klasse Case für eine erfolgreiche Gründung.

## Fintech
*Branche*

Mit Fintech wird die Branche bezeichnet, in der
Finanzdienstleistungen mit Technologie verändert werden.
Aufgrund des Hypes und des Potenzials weisen aktuell
Fintechs die höchsten Multiples bei Marktkapitalisierungen
auf.

Beispiele:

PayPal (gegründet von Elon Musk), Clark (digitaler mobiler
Versicherungsverwalter), Trade Republic (Neobroker),
Scalabel Capital (Robo Adviser), N26 (Digitalbank) und
Vanta (Kreditkarte für Unternehmen).

## First Mover
*Wettbewerbsvorsprung*

Der First Mover Advantage kennzeichnet einen
zeitbezogenen Wettbewerbsvorsprung, den sich ein
Unternehmen durch den Aufbau von
Markteintrittsbarrieren erarbeiten kann, wenn es mit einer
neuartigen Produkt-Leistungskombination einen
bestehenden Markt oder als Pionier einen neuen Markt
prägt, bevor Konkurrenten dem ein gleichwertiges
Wettbewerbsangebot entgegenstellen können.

Beispiele:

Flixbus, MyMüsli

## First Order Profitabilität
*Strategie*

Eine der wichtigsten Strategien überhaupt und der Grund, warum viele klassische Unternehmen Start-ups nie ganz verstehen werden. Start-ups akquirieren Kunden primär online über Facebook, Google AdWords, SEO und Display Werbung. Bei vielen Paidkanälen zahlt man pro Klick und nicht pro Verkauf. Aufgrund der Tatsache, dass immer mehr Unternehmen die Form der Werbung nutzen, es immer mehr Agentur mit Know-how gibt und somit kausal der Wettbewerb auf Suchphrasen, auf die geboten wird), steigt, steigen auch kausal die Klickpreise. Speziell für Retailer ohne Eigenmarken ist dies problematisch, da die Marge oft geringer ist als bei Herstellern mit Eigenmarken. Das führt dazu, dass so viel Geld für den Wegzoll bei Google beispielsweise ausgegeben werden muss, dass der Kunde zwar kauft, aber mit der ersten Order nicht profitabel wird. Daher ist ein gutes CRM essenziell wichtig. Start-ups kennen pro Kanal die Akquisekosten eines Neukunden und wissen genau, wie oft der Kunde bestellen muss, damit nicht die erste Bestellung profitabel ist, sondern wann der Kunde profitabel ist.

Beispiele:

Tarak Müller von About You hat mal verraten, dass ein Neukunde ca. 50 Euro kosten einzukaufen, die durchschnittliche Marge pro Bestellung beträgt 12 Euro, also muss der Kunde fünf Mal bestellen, bis der Kunde für das Unternehmen profitabel ist.

## Flipping
*Immobilien*

Die klassische Methode im Immobilieninvestment ist Buy & Hold. Dabei handelt es sich um den Einkauf eines Objektes, das anschließend für mehrere Jahre im Besitz des Käufers bleibt. Dadurch wird kontinuierlich ein Cashflow durch Mieteinnahmen generiert. Im Gegensatz dazu geht es bei der Fix & Flip-Strategie um aktiven Immobilienhandel, das heißt, Häuser und Co. werden aufgewertet und kurzfristig weiterverkauft, um den rasanten Aufbau von Eigenkapital zu fördern.

## Fragmentiert
*Fremdwort*

Fragmentiert steht in der Wirtschaft für eine Branche, die sehr aufgeteilt oder zerstückelt ist, was oft hohes Potenzial für Start-ups aufweist, speziell wenn noch Oligopole existieren.

Beispiele:

Die zwei größten Online Apotheken machen zusammen mehr als zwei Milliarden Euro Umsatz, was in absoluten Zahlen enorm ist, gemessen am Gesamtmarkt jedoch nur ein Prozent beträgt, da es in Deutschland 19.075 Apotheken gibt.

## Franchise
*Geschäftsmodell*

Franchising bedeutet im deutschen Sprachgebrauch so viel wie Lizenzvergabe, Nutzungsrechtverleihung oder auch Vertreterabkommen. Beim Franchising handelt es sich um eine Art Partnerschaftssystem, bei dem ein bereits bestehendes Unternehmen seine Geschäftsidee einem oder mehreren verschiedenen Unternehmensgründern leiht. Das Unternehmen, das die Geschäftsidee bereits detailliert ausgearbeitet, getestet und entwickelt hat, wird hier als Franchise-Geber bezeichnet. Der Existenzgründer, der das ausgereifte Konzept von dem Franchise-Geber übernehmen, heißen Franchise-Nehmer. In den meisten Fällen bekommt der Franchise-Nehmer vor der realen Umsetzung des Geschäftskonzeptes eine ausführliche Schulung, um den vertraglich festgehaltenen Ansprüchen vom Franchise-Geber gerecht zu werden. Gegen eine einmalige oder fortlaufende Gebühr erhält der Franchise-Nehmer sowohl das Recht als auch die Pflicht, den Businessplan dann selbstständig am eigenen Standort umzusetzen. Für die Dauer des Franchise-Vertrages ist er somit an seinen Franchise-Geber gebunden.

Beispiele:

McDonalds, Subway, Clever Fit ...

## Freelancer
*Selbstständiger*

Unter dem Begriff Freelancer versteht man einen Selbstständigen, der eine Freelance Tätigkeit betreibt und Aufträge und Projekte eines Unternehmens persönlich ausführt, also Personen, die von mehreren Kundenunternehmen Aufträge erhalten, hierbei aber nicht wie ein Arbeitnehmer in das Unternehmen des Auftraggebers eingegliedert und auch nicht weisungsgebunden sind. Freelancer arbeiten meist alleine und bieten das Leistungsangebot auf Marktplätzen an.

## Freemium
*Strategie*

Unter Freemium versteht man ein Geschäftsmodell, bei dem ein Unternehmen einen wesentlichen Teil seines Angebotes kostenlos zur Verfügung stellt. Umsatz wird dann mit attraktiven und nutzwertigen Zusatzleistungen um das kostenlose Angebot gemacht. Freemium dient dazu, dem User eine geringe Markteintrittsbarriere zur Verfügung zu stellen, damit der User das Produkt testen kann respektive das Produkt schon soweit nutzen kann, dass der Pain hoch ist, wenn er nach der kostenfreien Probezeit oder wenn er die App ganz nutzen will, zu hoch ist zu wechseln. Weiterhin sichert sich der Anbieter so schon die Kundendaten.

## Forecast
*Kennzahl*

Ziel des Forecasts ist es, durch Informationen Abweichungen von der eigentlichen Planung frühzeitig zu ermitteln und die Möglichkeit zu schaffen entgegenzusteuern. Sie prognostiziert auf historischen Daten die Zahlen der nächsten Monate.

## FTE
*Kennzahl*

Ein FTE (Full Time Equivalent) entspricht der Arbeitszeit eines Mitarbeiters in Vollzeit. Die FTEs ergeben für eine Anzahl real existierender Stellen mit unterschiedlichen Arbeitszeitmodellen die Anzahl fiktiver Vollzeitstellen mit der gleichen Arbeitskapazität. Um ein FTE in Arbeitszeit umzurechnen, wird die durchschnittliche Arbeitszeit pro

Werktag als Standard genommen. Also wie viele
Vollzeitkräfte beschäftigt das Unternehmen umgerechnet.

## Fuck Up Night
*Veranstaltung*

Bei solchen Veranstaltungen teilen Gründer das eigene
Scheitern ihre Start-ups. Ziel ist es, eine Kultur zu schaffen,
in der es zur Norm wird, dass Start-ups und Gründer
scheitern können und nicht dafür verurteilt werden.

Beispiele:

Thomas Edison benötigte mehr als 10.000 Versuche, um
die Glühbirne zu erfinden. Befragte man ihn zu seinem
Scheitern, so sagte er: Ich kenne nun 9.000 Wege, wie es
nicht funktioniert. Steve Jobs wurde von seinem eigenen
Unternehmen gefeuert. Später sagte er, er habe es nicht
sehen können, aber es war so ziemlich das Beste, was ihm
passieren konnte. Steven Spielberg wurde drei Mal aus der
Filmschule geworfen, bevor er dann seinen Durchbruch
hatte. Tim Ferris, der Autor des Bestsellers "Die 4 Stunden
Woche", bekam 25 Absagen, bevor er einen Verlag fand,
der sein Buch veröffentlichen wollte.

## Funnel
*Online Marketing*

Ein Funnel ist ein sogenannter Verkaufstrichter. Man sagt,
dass ein User durchschnittlich sieben Kontakte braucht, um
von einem Interessenten zu einem Käufer zu
transformieren. Ein Funnel lenkt und gewinnt also
Interessenten und bespielt diese auf allen Kanälen so, dass
diese irgendwann kaufen.

Beispiele:

Ein Coaching für 1.000 Euro zu verkaufen an einen Nichtkunden ist so gut wie unmöglich, daher werden Funnel gebaut, bei dem beispielsweise kostenfreier relevanter Content auf YouTube veröffentlicht wird. User folgen dir also aufgrund der guten Inhalte und werden auf dich aufmerksam, du bietest danach kostenfreie Videoseminare an, bei denen Kunden sich anmelden müssen, so erhältst du die Kundendaten und der Kunde nimmt dich als Experten wahr, bis du nach dem Seminar deine kostenpflichtigen Coachings anbietest. Madame Moneypenny (ein Podcast für Frauen mit Investmentinteresse respektive Finanzwisseninteresse) folgen dem Format aufgrund vom kostenfreien Content auf dem Podcast, wo man Tipps und Tricks kostenfrei erhält. Anstatt Werbung von Dritten einzubinden und den Content so zu monetarisieren, weist sie auf ihre Videokurse hin, mit denen sie Millionen Euro pro Jahr umsetzt und um danach auch noch Depotanbieter von Affiliate Partnern anzupreisen, bei denen sie eine Provision erhält.

## Gamification
*Conversionoptimierung*

Das ist die Übertragung von spieltypischen Elementen und Vorgängen in spielfremde Zusammenhänge wie beispielsweise Software- oder Applösungen. Damit soll versucht werden, die tägliche Nutzung zu erhöhen, die Interaktion zu erleichtern und die Motivation zu steigern, respektive Verhaltensänderungen bei Anwenderinnen und Anwendern herbeizuführen.

Beispiele:

Start-ups wie Robin Hood (Neobroker) nutzen den Ansatz, um das Handeln mit Aktien spielerischer zu gestalten und die User so zu motivieren, z. B. durch erreichte Level oder Credits, mehr Zeit mit der Lösung zu verbringen. Aber auch bei komplexen Dateneingabemasken kann Gamification nutzen, um so beispielsweise den Fortschritt anzuzeigen und so die Durchhaltequote zu steigern.

## Get Together
*Meeting*

Mittlerweile auch im Duden anerkannt, bezeichnet das Get Together ein gesellschaftliches Zusammenkommen in einem Unternehmen, primär mit privatem Fokus.

## GMV
*Kennzahl*

Der GMV (Gross Merchandise Value) ist das englischsprachige Pendant zum Außenumsatz in Deutschland. Speziell für Marktplätze ist das GMV von hoher Bedeutung, denn man unterscheidet Innen- und Außenumsatz. Als Außenumsatz werden die Umsätze bezeichnet, die ein Unternehmen mit Externen erzielt. Der Innenumsatz zeigt die Umsätze, die durch die Abteilungen des Unternehmens erwirtschaftet werden. Insbesondere bei Marktplätzen wie eBay ist dies relevant, weil der Umsatz, der über die Plattform abgewickelt wird, nicht der Umsatz ist, den das Unternehmen für sich selbst erwirtschaftet. Also ist der GMV die Summe aller Transaktionen, welche über die Plattform abgewickelt werden, der Innenumsatz die Provisionen der

Transaktionen. Immer wieder sieht man, dass Start-ups unterschiedliche Kennzahlen publizieren und schön darstellen wollen (wer mag es Ihnen verübeln), gleichwohl gibt es meines Erachtens einen Ehrenkodex unter Gründern, den man nicht brechen darf. So sollte der Founder die Berechnung daher transparent darstellen. Die Zahl lässt sich schnell durch Bruttoumsätze anstatt Nettoumsätze künstlich erhöhen oder durch nicht subtrahierte Retouren optimieren. Also Merke: Net Revenue ist der Umsatz (netto), Gross Revenue der Bruttoumsatz, der GMV der Außenumsatz, der NWV (Net Merchandise Value Volume) der Innenumsatz.

## Going Public
*Börsengang*

Umwandlung eines Unternehmens in eine Kapitalgesellschaft (in aller Regel eine Aktiengesellschaft) und Verkauf der Anteilsrechte an einer Börse, Gegensatz Going privat

Das Going Public (Initial Public Offering oder IPO) umschreibt den erstmaligen Gang bisher nicht börsennotierter Unternehmen an die Börse. Es lassen sich mehrere Phasen des Going Public unterscheiden. Einer Prüfung der Börsenreife des Unternehmens folgen die Auswahl der Konsortialbanken sowie die Bewertung und Präsentation des Unternehmens. Im Anschluss daran erfolgt die börsen- und aufsichtsrechtliche Abgleichung der Voraussetzungen eines Börsenganges an ein bestimmtes Börsensegment. Dem schließen sich die Erstellung eines Zeichnungsprospektes und die Terminierung des Börsenganges an. In diesem Schritt wird auch der Ausgabepreis, der beispielsweise mithilfe des

Bookbuilding-Verfahrens ermittelt werden kann, fixiert. In der letzten Phase des Going Public wird der eigentliche Börsengang durch publikumsträchtige Werbeveranstaltungen (z. B. Roadshows) begleitet bzw. unterstützt. Oftmals werden so ehemalige Unternehmen, die in der Rechtsform eines Einzelkaufmanns oder einer Personenhandelsgesellschaft firmierten, in eine Aktiengesellschaft umgewandelt.

## H1
*Überschrift Webseite*

Eine Überschrift wird durch eines der Elemente h1, h2, h3, h4, h5 oder h6 realisiert. H steht dabei für heading. Jede Überschrift auf der Webseite sollte einer H-Klasse zugeordnet werden, damit Suchmaschinen den Inhalt besser verstehen können. Die h1 ist die mit Abstand wichtigste Überschriftform.

## Hackathon
*Hacker Marathon*

Ein Hackathon ist vielmehr eine Art der Veranstaltung, bei der innerhalb kürzester Zeit in kleinen, kreativen Gruppen und lockerer Atmosphäre an Problemen getüftelt, neue Produkte entwickelt und Lösungen programmiert werden. Die Teilnehmer kommen in der Regel aus unterschiedlichen Gebieten der Soft- und Hardwareentwicklung und setzen ihre Fähigkeiten in kleinen Gruppen ein, um ein Problem zu lösen. Bei der Aufgabe bzw. dem Problem geht es häufig darum, eine neue Anwendung, Apps oder allgemein, Lösungen zu finden und zu programmieren. Da die Lösungsfindung in einem knappen Zeitraum von z. B. 24 oder 48 Stunden stattfindet, arbeiten die Teilnehmer häufig unkonventionell und ohne lange Pausen. Am Ende des Hackathons steht ein fertiger Prototyp.

## Healthtech
*Branche*

Die Branche bezeichnet Start-ups und Unternehmen, die sich mit Produkten oder Dienstleisten innerhalb des Gesundheitssystems beschäftigen. Alle Hilfsmittel, bei denen Informations- und Kommunikationstechnologien (IKT) zum Einsatz kommen und zur Vorbeugung, Diagnose und Behandlung von Krankheiten dienen, werden unter den Begriff E-Health gefasst.

Beispiele:

Pflegeportale wie pflege.de; Telemedizin wie Kry oder Teleclinic, Tinitus-Lösungen wie Tinnitracks, Online Psychiater wie Selfapy, digitale Hautärzte wie Clara und hunderte weitere tolle Lösungen. Man kann sie nicht alle aufzählen, gleichwohl möchte ich nicht diejenigen Start-ups verlassen, welche die Laborbranche revolutionieren oder Technologien für Ärzte anbieten.

## Hidden Champion
*Marktwettbewerb*

Als Hidden Champions (heimliche Gewinner) werden mittelständische Unternehmen bezeichnet, die in Nischen-Marktsegmenten Europa- oder Weltmarktführer geworden sind.

## Hiren
*Fremdwort*

Anderes Wort für Personal einstellen.

## ICO
*Finanzierung*

Ein ICO oder Initial Coin Offering ist bei einer Kryptowährung in etwa das, was bei einem Wertpapier der Börsengang (Initial Public Offering) ist. Unternehmen verkaufen dabei eine eigene virtuelle Währung an Investoren, die im Gegenzug mit echtem Geld für die neue Währung zahlen und darauf hoffen, dass die Kryptowährung im Wert steigen wird.

## Inkubator
*Gründung*

Inkubatoren sind in dem meisten Fällen Einrichtungen oder Institutionen, die Unternehmer auf verschiedene Art und Weise auf ihrem Weg in die Selbstständigkeit begleiten und dabei unterstützen. Inkubatoren bieten Existenzgründern im Rahmen einer Unternehmensgründung einen großen Vorteil. Dies fängt bei Beratung und Coaching an, geht über die Bereitstellung von Mietflächen oder ganzen Büroräumen und der Infrastrukturausstattung bis hin zu umfangreichen Service- und Dienstleistungspaketen, in deren Rahmen beispielsweise ein professioneller Business-Plan erstellt werden kann.

## Insuretech

*Branche*

Der Begriff „InsurTech" setzt sich aus den englischen Wörtern Insurance und Technology zusammen. Darunter versteht man also Versicherungsdienste, die mit digitalen Technologien arbeiten.

Beispiele:

Wefox bietet ein Backoffice, dass die automatisierten Aufgaben für einen Makler übernimmt; clark hat die Makler-Dienstleistungen digitalisiert und kann so eine intensive und zugleich günstige Kundenbetreuung bieten; Ottonova wurde 2015 gegründet und tritt seit 2017 mit dem Anspruch an, dem privaten, eher traditionell geprägten Krankenversicherungsmarkt, eine echte Innovation zuzuführen.

## IOT
*Technologie*

Mittels modernster Technologie ermöglicht das so genannte „Internet of Things" (IoT, auf Deutsch: Internet der Dinge), physische und virtuelle Gegenstände global miteinander zu vernetzen. Seien es Wearables wie zum Beispiel Fitnessarmbänder, die den Puls messen und die Anzahl der Schritte zählen, vernetzte Geräte und Anwendungen im Bereich „Smart Home" oder „Connetc.ed Cars". Hier spielt 5G eine wichtige Rolle, denn sie bestimmt den Frequenzstandard beim Mobilfunk und ermöglicht so deutlich schnelleren Datenaustausch, ermöglicht so beispielsweise autonomes Fahren.

## IPO
*Finanzierung*

Siehe auch Going Publec

## Jobhopper
*Arbeitgeberwechsler*

Sogenannte Jobhopper sind Arbeitnehmer, die viele
berufliche Stationen von kurzer Dauer – d. h. für weniger
als ein oder zwei Jahre – absolvieren. Die meisten
Jobhopper erhoffen sich durch häufige Stellenwechsel eine
schnellere Karriere zu machen als Arbeitnehmer, die einem
Unternehmen viele Jahre treu bleiben.

## Jour Fix
*Meeting*

Ein Jour fix (oder jour fixe) bezeichnet ein regelmäßig
stattfindendes Treffen einer Gruppe von Personen zu
einem fest vereinbarten Zeitpunkt, bei dem meist über
gleichbleibende, wichtige Themen gesprochen wird. Die
Übersetzung von Jour fixe aus dem Französischen heißt
„fester Tag".

## Kaufkraft
*Indikator*

Die Kaufkraft ist der ausgabefähige Geldbetrag, den
Konsumenten für Konsumzwecke zur Verfügung haben. Sie
ist ein wesentlicher Ansatzpunkt der Bedarfsforschung und
Grundlage zur Bestimmung des Marktpotenzials. Für die
Bildung von Kunden Avataren ist dies essenziell um die
Zielgruppe genau targetieren zu können. Ein Premium
Produkt beispielsweise für eine Zielgruppe zu entwickeln,

die so gut wie keine Kaufkraft aufweist, kann eventuell keinen Sinn machen.

## Keynote
*Vortrag*

Eine Keynote ist ein Vortrag mit einer Kernbotschaft, der das Hauptthema oder den Rahmen einer Veranstaltung setzt und die Zuhörer inspiriert.

## Kickstarter
*Finanzierung*

Kickstarter ist die weltweit größte Crowdfunding Plattform für kreative Projekte und Innovationen. Auf diesen Plattformen können Menschen und darauf ihre Ideen veröffentlichen und Geld einsammeln. Vergleichen kann man das mit einer Spende. Als Gegenleistung erhalten gegenüber meisten Sachen Güter oder bestimmte, projektbezogene Privilegien. Unter Crowdinvesting versteht man dagegen eine Finanzierung, bei der dem Anleger Zinsen oder eine Gewinnbeteiligung versprochen wird.

## KPI
*Kennzahlen*

KPI ist die Abkürzung für Key Performance Indicator. Der Begriff bezeichnet Kennzahlen, mit denen die Leistung von Aktivitäten in Unternehmen ermittelt werden kann. Führungskräfte und ihre Mitarbeiter verlieren zwischen allen Zielen und Vorgaben leicht den Überblick über das, was wirklich wichtig ist. Sie brauchen wenige und einfache Kennzahlen, die ihnen sagen, ob sie gute oder schlechte Arbeit leisten.

## Kundenzugang
*Strategie*

Der Kundenzugang gewinnt in der heutigen Aufmerksamkeitsökonomie immer mehr an Bedeutung. Als Unternehmen möchte man nicht von Dritten abhängig sein, die den Kundenzugang für sich beanspruchen. Man möchte weder Wegzoll für Google und Facebook zahlen, noch dem Retailpartner dieses Privileg zusprechen. Die Folge ist, dass Hersteller B2B-Strategien und Direct to consumer angreifen und versuchen, die Kundendaten selbst zu bekommen. Das führt zu Problemen, speziell im Handel, also Retailer mit hoher Beratungskompetenz, gleichwohl aber ohne Eigenmarken oder eigener Wertschöpfung. Der Vorteil dieser Retailer lag Jahre lang im Kundenzugang und nun versuchen die Hersteller die Beratungskompetenz eigenständig digital anzubieten, die Marge steigt dadurch für den Hersteller, eine Marke wird geschaffen.

## Kuration
*Plattformen*

In der Marktplatzökonomie hat man anfangs immer das Henne-Ei-Problem. Ohne liquide Angebotsseite (Anbieter von Produkten oder Dienstleistungen) folgt keine liquide Nachfrage, andersrum genauso. Hat man den Engpass endlich gelöst und beide Seiten sind nachhaltig liquide, dann entsteht schnell das Problem der Kuration. Kuratieren bedeutet verwalten und meint damit, dass der Marktplatzanbieter bei Tausenden von Angeboten genau die Angebote selektieren muss, welche die Suchphrase implizieren. Das ist die wichtigste Aufgabe eines Marktplatzes.

Beispiele:

Sucht man bei Zalando, About You und Amazon nach „Sommerkleid", dann sieht man schnell, wie gut diese kuratieren können, denn Amazon ist nicht mehr richtig in der Lage, in der riesigen Auswahlmöglichkeit die passenden Angebote kuratiert zu selektieren. Sucht man nach Pumahosen werden Adidas Hosen angezeigt, sucht man nach Unternehmerbüchern folgen sieben Bücher über Rhetorik etc.

## Launch
*Projektveröffentlichung*

Als Launch wird bezeichnet, wenn ein Projekt öffentlich gemacht wird. Als Relaunch bezeichnet man ein Projekt, das modifiziert veröffentlicht wird. Ein Launch geht meist mit einer Launchparty einher. Projekte können Kollektionen, Webseiten, Apps etc. sein.

## Leadgen
*Strategie*

Der Begriff Leadgenerierung (eng. als Leadgen abgekürzt) beschreibt den Prozess der Interessentengewinnung sowie die Maßnahmen, die dazu führen, dass potenzielle Kunden Interesse an einem Produkt oder einer Dienstleistung zeigen. Im Endeffekt ist dies ein reines Abbitragemodell, denn es wird mit guten Online Marketing und guten Landingpages kostengünstig Interessentendaten eingekauft, indem diese auf Anzeigen klicken und ihre Kontaktdaten zwecks weiterer Informationen eintragen, welche nach Qualifizierung der Leads an Partner teurer weiterverkauft werden.

Beispiele:

AroundHome verkauft passende Kundenkontakte für Treppenlifter, Solaranlagen, Badezimmeranpassungen etc. an Partner weiter. So bekommen die Anbieter bis zu 50 Euro für eine erfolgreiche Vermittlung von Hausnotrufsystemen oder 300 Euro für einen Treppenlift.

## Leadinvestor
*Investoren*

Plant ein Unternehmen eine größere Investition, hat man die Möglichkeit, mehrere Venture-Capital-Gesellschaften mit der Finanzierung zu betrauen. Eine dieser Gesellschaften übernimmt dann die Rolle des Leadinvestors, während die anderen jeweils als Co-Investor fungieren. Der Leadinvestor gibt meistens den größten Anteil der Finanzierung, prüft den Kapitaleinsatz, koordiniert die Finanzierungsrunde und hat das größte Mitspracherecht.

## Lean Start-up
*Strategie*

Lean Start-up ist ein Ansatz zur Gründung von Unternehmen sowie zur Umsetzung von Geschäftsideen. Dabei stehen schlanke Prozesse und das Lernen durch iteratives und kundenzentriertes Testen im Fokus. Durch kontinuierliches Kundenfeedback und das Testen von Hypothesen werden möglichst frühzeitig Rückschlüsse in der Produktentwicklung gezogen. So wird der Prozess schlank gehalten und die Wahrscheinlichkeit des Scheiterns reduziert.

Beispiele:

Anstatt ein ganzes Unternehmen direkt aufzubauen, testet man das Nutzerverhalten mit einfachen Landingpages, Prototypen oder einem effektiven Produktportfolio.

## Legaltech
*Branche*

Legaltech Start-ups optimieren die Rechtsanwaltsbranche, indem sie Software für das Kundenmanagement anbieten, Vertragsbots entwickeln, welche eigenständig Dokumente lesen und verstehen können oder ganze automatisierte Widerspruchsverfahren autark starten können.

Beispiele:

Anwalt.de als Marktplatz für Rechtsanwaltsdienstleistungen sowie Portale wie flightright.de oder geblitzt.de: Diese haben die Digitalisierung genutzt, um Rechtsberatung nahezu vollständig zu automatisieren, und zwar bei den Fällen, die hundertfach und immer wieder in ähnlicher Weise vorkommen. Hier sollten Sie sich auch unbedingt Christian Solmecke angucken.

## Letter of intent
*Vertragsverhandlung*

Der Letter of Intent ist eine schriftliche Absichtserklärung zweier Parteien, mit der diese ihr grundsätzliches Interesse an der Durchführung einer Transaktion, an Verhandlungen oder auch ihr Interesse an dem Abschluss eines Vertrags niederlegen. Außerdem werden hier die Transaktionsstruktur und das weitere Vorgehen skizziert.

Speziell für den Unternehmenskauf hat sich diese Form der Absichtserklärung durchgesetzt.

## Lineares Fernsehen
*Bewegbildformat*

Wenn Fernsehprogramme 1:1 gesendet und direkt empfangen werden, spricht man von linearem Fernsehen. Nicht-lineares Fernsehen bezeichnet dagegen die zeitversetzte Nutzung von TV-Sendungen.

Beispiele:

Die öffentlichen Sender sendet primär 1:1, also linear, Streaminganbieter wie Netflix dagegen nicht-linear, da der Content zeitunabhängig konsumiert werden kann.

## Liquidationspräferenz
*Spekulationskasse*

Beschreibt die Neigung der Wirtschaftsakteure, ihr Vermögen teilweise oder vollständig in Form eines Geldbestands zu halten, anstatt es in Form von Wertpapieren oder anderen Aktiva verzinslich anzulegen. In seiner Liquiditätspräferenztheorie führt John M. KEYNES die Vorliebe für Kassenhaltung auf drei Motive zurück: das Transaktions-, das Vorsichts- und das Spekulationsmotiv.

## Long Tail
*Online Marketing*

Sogenannte Longtail Keywörter sind Suchphrasen von potenziellen Käufern, die besonders genau und detailliert sind. Anstatt seine Webseite auf generische Suchphrasen wie „Therapieliege" mit viel Wettbewerb und hohen

Klickkosten zu optimieren, macht es Sinn, den Shop auf Longtail zu optimieren. Die Suche wäre dann „elektrische Therapieliege aus Holz mit Motor". Aufgrund der Genauigkeit der Suche geht man davon aus, dass der User kaufaffiner ist, da er genau weiß wonach er sucht und aufgrund des geringeren Wettbewerbs sind die Klickkosten besser.

Beispiele:

Wenn selbst die Longtailsuche noch zu viel Wettbewerb aufweist, dann sollte man transaktionale Keywörter wie *kaufen* oder *bestellen* als Optimierungsfaktor ergänzen.

## Lookalike Audience
*Facebook Marketing*

Im Werbeanzeigenmanager von Facebook lässt sich eine sogenannte Facebook Lookalike Audience erstellen, um Personen zu erreichen, die deinen bestehenden Kunden ähneln. Dazu wird eine Audience erstellt, die ähnliche demografische Daten oder Interessen hat, wie die der Source Audience (der Custom Audience). Damit erreichen die Anzeigen Personen, die zwar noch nicht mit dem Unternehmen interagiert haben, vermutlich aber an dessen Angeboten interessiert sind. Man hat also die Möglichkeit, eine Kunden-E-Mail-Bestandsliste hochzuladen und Facebook zu sagen, einen Nenner zu finden und diese auf potenzielle Kundengruppen mit gleichen Nennern adaptiert anzuwenden. Weiterhin kann man aber auch Lookalike Gruppen aus der Seitenfollowern ziehen.

Beispiele:

Trick: Man nimmt passende Facebook-Gruppen, bittet den Admin ein Video hochladen zu dürfen, z. B. mit einem Gewinnspiel und passendem Content, z. B. Hundefutteranbieter in der Gruppe „Deutsche Schäferhund Züchter". Der Clou: Man kann Lookalike Audiences auch mit Videos targeten. Indem man das Video nur dort gepostet hat, hat man so eine ideale replizierbare Nutzergruppe für zukünftige Werbeformate.

## Make or buy
*Strategie*

Ein Unternehmen ist auf die Gewinnmaximierung ausgelegt, weshalb alle Prozesse optimiert werden sollten. Ein Prozess ist die Beschaffung von Gütern. Diese können vielfach jedoch auch in Eigenproduktion hergestellt werden. Über die Wirtschaftlichkeit der Eigenproduktion oder den Fremdbezug gibt die Make-or-Buy-Analyse Auskunft.

Beispiele:

Mögliche Entscheidungskriterien sind: Zielsetzung, Kosten, Know-how, Liquidität, Image, Qualität, Ressourcen und Risiken.

## Management buy out
*Übergabe*

Der Begriff Management-Buy-out (MBO) bezeichnet eine Unternehmensübernahme, bei der das Management die Mehrheit des Kapitals von den bisherigen Eigentümern erwirbt.

## Media Equity
*Finanzierungsform*

Beim Media Equity Deals stellt der Investor meist Media Volumen zur Verfügung, anstatt sich mit Eigenkapital zu beteiligen.

Beispiele:

ProSiebenSat1 ist sehr lange mit der Nucom Group dieser Strategie gefolgt. Anstatt sich also mit Kapital zu beteiligen, erhält der TV-Sender Anteile am Unternehmen, das Start-up dafür Media Budget, um auf dem Sender zu werben. Für den Sender ist dies deutlich lukrativer, da man in der These annimmt, dass die Marktkapitalisierungserhöhung durch die Weitergabe der Reichweite mehr wert ist als der Verkaufserlös von Zeitslots. Meist werden Media Equity Deals von D2C Start-ups genutzt.

## Metasuchen
*Geschäftsmodell*

Eine Metasuchmaschine ist eine Suchmaschine, deren wesentliches Merkmal darin besteht, dass sie eine Suchanfrage an mehrere andere Suchmaschinen gleichzeitig weiterleitet, die Ergebnisse sammelt und aufbereitet. Eine Metasuchmaschine besitzt keinen eigenen Index.

Beispiele:

Stellt ein User eine Suchanfrage bei der Metasuchmaschine meta-spinner.de, sammelt diese ihre Informationen unter anderem über die Suchmaschinen von Amazon, Preispiraten und Shopping.com.

## Mezzanine Finanzierung
*Finanzierung*

Mezzanine-Kapital kann sowohl dem Eigen- als auch dem Fremdkapital eines Unternehmens zugeordnet werden. In der Regel müssen Forderungen solcher Kapitalgeber nach den Forderungen von Fremdkapitalgebern, aber vor den Forderungen von Eigenkapitalgebern beglichen werden. Es kann sich beispielsweise um nachrangige Darlehen handeln. Mitspracherecht am Unternehmen haben Mezzanine-Kapitalgeber in aller Regel nicht.

## MOM (Month over Month Growth)
*Kennzahl*

Das MRR-Wachstum von Monat über Monat ist ein Maß für die Forward-Dynamik, die Marktdynamik und die Geschäftsexpansion. Das MOM Wachstum wird berechnet, indem netto MRR in der aktuellen Periode vom Netto-MRR in der vorherigen Periode subtrahiert und diese Zahl durch den Netto-MRR in der vorherigen Periode dividiert wird. Wie steht z. B. der Umsatz in diesem Zeitraum im Vergleich zu einem früheren Zeitraum? Hier kommt Monat über Monat (MOM) als wertvolle Messgröße für Wachstumsvermarkter zum Verständnis.

## Monetarisieren
*Geschäftsmodellerlös*

Monetarisierung beschreibt den Prozess, durch den aus einem Produkt ein finanzieller Nutzen gewonnen wird. In erster Linie geht es bei der Monetarisierung darum, den Wert des Produktes oder der Dienstleistung zu definieren und das Produkt oder die Dienstleistung dementsprechend zu verkaufen. Vor allem bei immateriellen Gütern kann die

Monetarisierung sehr aufwendig und kompliziert sein. Hier gibt es viele verschiedenen Möglichkeiten, eine Geschäftsidee zu monetarisieren. Kein Modell ist für alle Unternehmen gleichermaßen geeignet, denn hier kommt es vor allem auf das Verhalten und die Vorlieben der jeweiligen Zielgruppen an.

Beispiele:

Freemium, Abomodelle, Verkauf pro Stück, Werbung

## MRR & ARR
*Kennzahl*

Monthly Recurring Revenue (MRR) ist die Summe aller Abonnementeinnahmen, ausgedrückt als monatlicher Wert. Für die meisten Unternehmen ist MRR die Summe aller neuen Geschäftsabonnements und Upgrades (manchmal auch als Erweiterung bezeichnet), minus Downgrades (oder Kontraktionen) und gekündigten Abonnements. Obwohl es sich nicht um einen GAAP-Wert (Generally Accepted Accounting Principle) handelt, handelt es sich um das Umsatzäquivalent, das von jedem SaaS-Unternehmen verwendet wird. Annual Recurring Revenue (ARR) ist die Summe aller Abonnementeinnahmen, ausgedrückt als Jahreswert. Für die meisten Unternehmen ist ARR die Summe aller neuen Geschäftsabonnements und Upgrades (manchmal auch als Erweiterung bezeichnet), minus Downgrades (oder Kontraktionen) und gekündigten Abonnements.

## Multiple
*Unternehmensbewertung*

Wenn Sie bis hierher gelesen haben, dann kennen Sie schon die ertragswertorientierte Bewertung in Form der Discounted Cash-Flow und der Venture-Capital-Methode von Unternehmen. Eine weitere Bewertungsform ist der Multiple, bei der der EBITDA oder Umsatz mit Multiplikatoren (nach Branche abhängig) approximiert werden.

Beispiele:

Anbei eine Übersicht: https://www.wollnywp-unternehmensbewertung.de/unternehmensbewertung-branchenmultiples/

## MVP
*Strategie*

MVP steht für Minimum Viable Product, was auf deutsch so viel bedeutet wie „ein Produkt mit den minimalen Anforderungen und Eigenschaften". Der grundlegende Gedanke bei der Erstellung eines MVP ist es, ein Produkt möglichst schnell mit nur den nötigsten Funktionen zu erstellen, – z. B. eine Landingpage. Wichtig dabei ist nicht zu warten, bis alle Features stehen oder das Produkt perfektioniert wurde, sondern es müssen alle Basics des Mehrwerts stehen, um direkt am Markt mit echten Kunden testen zu können. Was soll damit verhindert werden? In Deutschland ist man Perfektionist. Das Produkt mit der Lösung des eigentlichen Engpasses steht nach einem Monat, nun arbeitet man aber zwei Monate später immer noch an dem Verpackungsdesign oder an den Farben des Displays, anstatt den Wettbewerbsvorsprung zu nutzen, das Produkt direkt am Markt zu präsentieren, zu testen und mit den Kunden zu modifizieren.

## NDA
*Vertraulichkeitserklärung*

Das Non-Disclosure-Agreement hilft, nicht-öffentliche Informationen mit einem potenziellen Investor zu teilen, da dieser sich vertraglich zur Verschwiegenheit erklärt. Das NDA schafft die Voraussetzungen, unter denen sich die Parteien über Geschäftsinformationen austauschen können, die nicht öffentlich sind und daher vor Missbrauch geschützt werden sollen.

## Negativ SEO
*Suchmaschinenmissbrauch*

Unter Negativ SEO versteht man den Missbrauch von Suchmaschinen zum Nachteil von Marktmitbegleitern.

Beispiele:

Googles Algorithmus wertet nach wie vor Backlinks, also den Fall, dass andere Webseiten auf deine Webseite verlinken. Google erkennt dabei schon gut die Qualität, ein Fachtext mit der Nennung deiner Firma inkl. Links zu einer Kategorieseite deiner Webseite ist von einer Universität höher zu bewerten als ein Link zu deiner Startseite von deinem Lieferanten. Umgekehrt kann dies zu Missbrauch führen, indem der Wettbewerber im Internet auf Webseiten zwecks „Sozial Akquise" Links zu deiner Webseite setzt. Dies führt dazu, dass die Entfernung (wenn du es denn erkennst) mühsam und aufwendig manuell geschehen muss, du aber auf jeden Fall Rankings verlieren wirst.

## Net Promotor Score
*Kennzahl*

Der Net Promoter Score (NPS) ist eine Kennzahl für die Wahrscheinlichkeit, dass ein Kunde das Unternehmen oder die Marke weiterempfiehlt. Sie gibt also die Kundenzufriedenheit an. Der NPS stammt ursprünglich von Bain & Company und wurde im Jahr 2003 eingeführt. Durch Umfragen von einer Skale von 1 bis 10 will man herausfinden, wie wahrscheinlich es ist, dass der Kunde das Angebot weiterempfiehlt. Bewerter mit 9-10 sind die Promotor, 7-8 die passiv zufriedenen Kunden und darunter die Kritiker.

## Netzwerkeffekt
*Strategie*

Ein typisches Beispiel für den Netzwerkeffekt ist das Telefon. Ein Teilnehmer alleine hätte durch das Telefon keinen Nutzen, da er keinen anrufen könnte. Der Nutzen für die Teilnehmer steigt dadurch immer weiter an, dass immer mehr Menschen Telefon und Handy als Kommunikationsmittel untereinander nutzen.

Beispiele:

eBay nutzt z. B. Netzwerkeffekte, denn jeder neue Käufer wird automatisch potenzieller zukünftiger Verkäufer, was kausal zu immer mehr Angebot und Nachfrage führt. Aber auch bei Amazon können Netzwerkeffekte entstehen. Umso mehr Anbieter, umso mehr Wettbewerb, umso bessere Preise, umso mehr Käufe und Käufer, umso mehr Angebote.

## OKR
*Führung*

OKR steht für Objetcives and Key Results und ist die Management-Methode, mit der Google erfolgreich wurde. Sie hilft Unternehmen, sich zu fokussieren, und macht Mitarbeiter zufriedener. Rund 40 Prozent der Ziele einer Organisation werden top-down durch das Management vorgegeben. Die restlichen 60 Prozent werden durch die Mitarbeiter Bottom-up festgesetzt und an die Ziele des Managements angepasst. Daraus entsteht einer der größten Vorteile der OKR-Methode, da Mitarbeiter sich durch den Einbezug mit den Zielen identifizieren können und intrinsisch motiviert sind. Die Unternehmensziele werden also von der Geschäftsführung auf die Abteilungen runtergebrochen. Diese Ziele werden von internen Zielen ergänzt, z. B. die Einführung von Software etc. Zusammen sind dies nun die OKR-Ziele für die Abteilung. Die OKR-Ziele werden häufig transparent allen Mitarbeitern zugänglich gemacht, um Synergien zu schaffen.

## OPEX
*Kennzahl*

Im Gegensatz zu den Investitionsausgaben unter denen man längerfristige Anlagegüter erfasst, beziehen sich die Betriebsausgaben auf die laufenden Ausgaben für einen funktionierenden operativen Geschäftsbetrieb. Unter die OPEX subsumiert man deshalb die Kosten für Rohstoffe, Betriebsstoffe, Personal, Leasing, Energie etc. Sie werden in voller Höhe bilanziert.

## Opportunität
*Strategie*

Als Opportunitätskosten bezeichnet man einfach gesagt den entgangenen Nutzen einer nicht gewählten oder nicht realisierbaren Handlungsalternative. Bedeutet konkret: Welche Alternative habe ich und was kostet diese? Aber auch in Entscheidungen spielen Opportunitäten eine wichtige Rolle, denn sie sollen immer daran erinnern, dass man genug Arbeit für zehn Stunden am Tag hat, aber nur acht Stunden tatsächliche Verfügungszeit hat. Daher muss man sich bei jeder Aufgabe fragen, ob die nächste Aufgabe wirklich die höchste Hebelwirkung in der Wichtigkeit und Dringlichkeiten haben.

## Organische Suche
*Online Marketing*

Bei der organischen Suche handelt es sich um den Teil von Googles Websuche, bei dem das Ranking nicht erkauft werden kann. Hier möchte Google die Webseiten anzeigen, die mit der höchsten Wahrscheinlichkeit die gestellte Anfrage der Suchenden bestmöglich beantwortet. Diese Form der Suche kann durch Onpage- und Offpageoptimierung der eigenen Webseiten positiv beeinflusst werden.

## Out of Home
*Werbeform*

Out-of-Home Marketing ist in den vergangenen Jahren von einem Nischenmedium zu einem ernst zu nehmenden Medium im deutschen Werbemarkt geworden. Der

Marktanteil beläuft sich mittlerweile 6 Prozent. Damit zieht Out-of-Home Marketing an der Radiowerbung vorbei und etabliert sich neben dem TV als Wachstumstreiber.

Beispiele:

Großflächenplakate an Häuserwänden oder an Bushaltestellen oder Einkaufszentren, digitale Säulen, große Bildschirme oder Videowände sieht man insbesondere an hochfrequentierten Stellen – überwiegend innerhalb von Gebäuden wie Einkaufszentren, mobile Außenwerbung nutzt meistens Fahrzeuge oder Fahrzeuganhänger oder auch öffentliche Verkehrsmittel wie Busse, Bahnen etc. die Mobilty Start-ups wie Tier (Elektroroller Anbieter) nutzen gerne Out of Home Kampagnen um in neue Städte zu expandieren. Wichtig dabei ist die Marketing Allokation. Kurz: Es ist effektiver, sein gesamtes Budget auf zwei Monate zu konzentrieren und dann mit Radio, Flyern, Screens etc. den Markt zu penetrieren, als das Budget gleich auf alle Monate zu verteilen und jeweils ein wenig Werbung zu machen, denn der Marken- und Erinnerungseffekt ist bei Marketing Allokation um ein Vielfaches höher.

## Owned Media
Werbekanal

Owned-Media sind Medienkanäle, die einem Unternehmen gehören und die dazu genutzt werden, das Unternehmen bekannt zu machen. Als Owned-Media hingegen werden die Kommunikationskanäle bezeichnet, welche direkt und ausschließlich von dem Unternehmen bespielt werden. Das bedeutet, dass die Unternehmen über diese Kanäle selber veröffentlichen. Owned-Media kann von Websites und Blogs über Facebook , Twitter und sonstige Social-Media-Plattformen reichen. Aber auch Corporate-Magazine oder Corporate-TV sind im Rahmen von Owned-Media mögliche Kommunikationskanäle für Unternehmen.

## Owner cost
*Kennzahl*

Die Summe aller für die Anschaffung eines Vermögensgegenstandes (z. B. Software), seine Nutzung und ggf. für die Entsorgung anfallenden Kosten. Total Costs of Ownership sind ein Gestaltungsaspekt während der Phase der Produktentwicklung; mit ihnen wird versucht, die Bestimmungsgründe der Kaufentscheidung des Kunden nachzuvollziehen und zu beeinflussen. So entstehen beispielsweise nicht nur Kosten für die Software selber, sondern auch für die Implementierung, die Einführung, die Nichtnutzung der aktuellen Software etc.

## Pagespeed
*Ladegeschwindigkeit*

Die Ladegeschwindigkeit einer App, Webseite oder eines Shops ist nicht nur für die Usability essenziell, sondern auch für den Algorithmus von Google und Bing. Die Ladegeschwindigkeit kann über Tools wie PageSpeedInsights von Google gemessen werden. Diese zeigt auch Optimierungspotenzial an.

Beispiele:

Die Mobile Seite ist oft langsamer als die Desktop Variante. Primär liegt dies an nicht optimierten Bilddateigrößen, unnötigen Code oder Java Scripten. Bilder lassen sich kostenfrei trotz guter Qualität um bis zu 90 % in der Dateigröße mit dem Tool TinyPng verkleinern.

## Paywall
*Medien*

Mit dem Begriff Paywall wird eine Bezahlschranke beschrieben. Besonders im Bereich des digitalen Contents, wie ihn Zeitungen oder Magazine bzw. die dahinterstehenden Verlage im Internet anbieten, sind Paywalls heute weit verbreitet. Laut aktueller Erhebungen setzen fast drei Viertel aller europäischen Zeitungen auf irgendeine eine Form digitaler Bezahlschranken. Internetnutzer können also längst nicht mehr vollkommen kostenfrei sämtliche journalistischen Online-Inhalte lesen, sondern stoßen immer häufiger auf Paywalls.

Beispiele:

Aufgrund gesunkener Abnahmezahlen von haptischen Medien wird der Content auf der Webseite veröffentlicht. Manche Artikel sind kostenfrei und lesbar, für andere Artikel muss ein kostenpflichtiges Abo gebucht werden. Ob dieses Modell aufgeht, wird man in zehn Jahren sehen. Die Medien übersehen meines Erachtens dabei, dass ihr Medium ein Marktplatz ist, also Content als Angebot und Leser als Nachfrage. Beschränke ich durch Barrieren die Nachfrage, wird irgendwann die Angebotsseite darunter leiden, denn ein Haushalt, welcher vorher ca. acht Medien pro Monat konsumiert hat, wird sich im Haushaltsbudget wie beim Streaming ein fiktives Maximum setzen, was er bereit ist für Medien auszugeben. Daher führt dieses Verhalten kausal zur Marktkonsolidierung.

## Pareto (das dreifache Pareto-Gesetz)
*Strategie*

Vilfredo Pareto (1848–1923) entwickelte dieses Prinzip, als er die Ernte seines Gartens auswertete. Er untersuchte seine Hypothese mithilfe von vielen Annahmen, die das Prinzip immer wieder bestätigen. So befindet sich 80 % des Bodens weltweit in Händen von 20 % der Bevölkerung. Im Jahr 1980 wurde festgestellt, dass 20 % der Bevölkerung 82,7 % des Weltvermögens besitzen. Ich verschone dich nun mit den Begriffen Quantine, Theil-Index und a-Fraktile, mit dessen Hilfe man dieses Prinzip noch weiter mathematisch beweisen könnte. Nun könntest du dieses Gesetz auf alle Kostenstellen und Abteilungen anwenden. Wir gehen jedoch einen Schritt weiter. Wir nutzen das dreifache Pareto-Gesetz. So bilden wir das 80 zu 20 Verhältnis der 20 % Regelung. Nun sind wir wieder einen Schritt weiter und machen das gleiche noch mal. Daraus ergibt sich dann, dass ein Prozent für 51 % verantwortlich ist. Zum Beispiel ist ein Prozent deiner Kunden für 51 % deines Umsatzes verantwortlich.

Beispiele:

Die Frage, die man sich danach stellen kann, ist, möchte man sich um die ein Prozent der Kunden kümmern, die für 51 % des Umsatzes verantwortlich sind oder um die 99 % deiner Kunden, die für 49 % seines Umsatzes verantwortlich sind?

## PESTEL
*Risikoabwehr*

Die PESTEL Methode dient dem Risikomanager alle externen Faktoren konstant zu monitoren respektive zu bewerten, um Veränderungen auf das Geschäftsmodell nicht zu verpassen. Pestel steht als Akronym für: Political – Politische Faktoren, Economic – Wirtschaftliche Faktoren, Social – Sozio-kulturelle Faktoren, Technological – Technologische Faktoren, Environmental –Ökologisch-geographische Faktoren und Legal – Rechtliche Faktoren.

## PIM
*Software*

Die PIM Software ersetzt die Artikeldatenbank eines Online Shops. In dem Product Information Management Tool werden also alle Artikeldaten inkl. Meta Titel etc. eingetragen. Das PIM System wird dann an Marktplätze angeschlossen, sodass eine einmalige Anlage eines Artikels im PIM automatisch zur Anlage auf allen Marktplätzen führt. Weiterhin landen auch alle Bestellungen in einer zentralen Verwaltungsmaske und die Artikel synchronisieren sich automatisiert. Wenn du als zehn Stück auf Lager hast, drei Artikel auf eBay verkauft werden, dann wird der Lagerbestand auf Amazon ohne manuellen Aufwand angepasst.

Beispiele:

Plentymarkets, JTL

## Pitch
*Geschäftsmodellvorführung*

Der Pitch-Begriff stammt eigentlich aus der Agentur- bzw. Werbeagenturbranche. Denn Agenturen treten im Rahmen eines Pitchs vor einem potenziellen Kunden gegeneinander an, um den Kunden zu überzeugen und Aufträge zu ergattern. So hat sich der Begriff „Pitch" in der Start-up-Szene entwickelt. Gründer haben so die Möglichkeit, vor Investoren innerhalb kürzester Zeit ihre Geschäftsideen zu präsentieren und sie davon zu überzeugen.

## Pitch Deck
*Geschäftsmodellvorführung*

Mithilfe dieser kurzen Präsentation versuchen Gründer und Start-ups, Investoren und Kapitalgeber von ihrer Idee zu überzeugen. Auf wenigen Präsentationsfolien stellen Start-ups dabei nach einem definierten Schema ihr Team, ihre Geschäftsidee und das Wettbewerbsumfeld vor. Das Pitch Deck besteht meistens aus maximal zehn Folien und beinhaltet alle elementare Kreterin, damit Geldgeber eine Entscheidung treffen können.

Beispiele:

Titelfolie mit Logo und Namen; Das Team: Am besten unterschiedliche Schwerpunkte (BWL; Marketing; Finanzen, IT) und am besten hat man schon zusammengearbeitet; Das Problem: Beschreibe, für welches (nachvollziehbare) Problem du eine Lösung hast; Die Lösung: Präsentiere dein Produkt oder deine Dienstleistung als optimale Lösung; Das Produkt oder die Dienstleistung: Hier kannst du ins Detail gehen und mitteilen was ich von aktuellen Lösungen unterscheidet;

Der Markt: Wer ist deine Zielgruppe? Gibt es einen Bedarf?; Das Alleinstellungsmerkmal: Was macht deine Dienstleistung bzw. dein Produkt einzigartig?; Der Wettbewerb: Warum und worin bist du besser als alle anderen?; Das Geschäftsmodell: Welche Einnahmequellen hast du? Wie und ab wann möchtest du Umsatz generieren?; Investorenfolie: Welche Mittel brauchst du und wofür setzt du sie ein? Warum sprichst du gerade diesen Investor an?

## Pivot
*Strategie*

Unter einem Pivot versteht man in der Start-up-Szene eine radikale strategische Änderung des Geschäftsmodells. Mit einem Pivot ist die notwendige Anpassung der Strategieausrichtung eines Start-ups gemeint, wobei die Unternehmensvision nicht in Frage gestellt wird. Pivoting bezeichnet den signifikanten strategischen Kurswechsel eines jungen Unternehmens, damit dieses erfolgreicher wird. Auslöser für einen Pivot können Kundenfeedbacks, Tests, Konkurrenzsituationen oder generell neue Marktumstände sein.

Beispiele:

Netflix hat erst DVDs ausgeliehen, dann ein Abomodell eingeführt, dann das Streaming angeboten. Das Produkt hat sich als den Rahmenbedingungen des Marktes angepasst, die Vision ist jedoch die Gleiche geblieben, nämlich nicht lineares Fernsehen zu Hause zu ermöglichen.

## Point of Sale (POS)
*Marketing / Vertrieb*

Mit dem Point of Sale ist eine Verkaufsstelle gemeint.

Der Begriff Point of Sale wird abgekürzt mit POS und bedeutet auf Deutsch so viel wie Verkaufsstelle. Als Point of Sale kann das Kleidungsgeschäft um die Ecke, die Kasse bei Aldi, aber auch eine E-Commerce-Seite wie eBay dienen. Generell kann man festhalten, dass in einem Point of Sale Ware zum Verkauf angeboten wird und der PoS somit als Schnittstelle zwischen Unternehmen und Kunde funktioniert.

## Pre-Money
*Unternehmensbewertung*

Übersetzt kann man Vor-Geld-Bewertung darunter verstehen. Hierbei handelt es sich um eine Unternehmensbewertung, die vorgenommen wird, bevor ein Investor Eigenkapital investiert. Im Gegensatz zu der Pre-Money Bewertung gibt es auch die Post-Money Bewertung. Sie sagt aus, wie viel das Unternehmen nach der Finanzierungsrunde wert ist, da nun mehr Eigenkapital vorhanden ist, was die Bewertung erhöht.

## Preisbot
*Preisstrategie*

Früher hat man einen Preis berechnet und den Verkaufspreis im Shop hinterlegt. So funktioniert die heutige eCommerce Welt jedoch nicht mehr. Anstatt eines fixen Verkaufspreises berechnet man Mindestverkaufspreise. Diese werden in einem Preisbot hinterlegt, welcher die Produktpreise, je nach gewünschtem Intervall, in Abhängigkeit von Nachfrage und Wettbewerbspreisen ändert. Weiterhin werden auch starre Kriterien hinterlegt, z. B. umso häufiger du eine Reise anschaust, umso teurer wird sie. Wenn du mit einem iphone eine Reise anschaust, dann erkennt der Preisbot deine höhere angenommene Kaufkraft und die Reise wird teurer als mit einem anderen Handy.

Beispiele:

Clousale

## Proptech
*Branche*

Proptech bezeichnet die digitale Transformation der Immobilienbranche sowie die einzelnen innovativen Unternehmen dieses Wirtschaftszweigs.

Beispiele:

McMakler

## Psychografisch
*Avatar*

Psychografische Daten: Kaufgrund, Mindset, Typ Mensch etc. Beim Ferrari: Beruflich sehr rationaler Typ, zahlenaffin, möchte verhandeln als Erfolgsgefühl, freut sich bei neidischen Nachbarn nach dem Kauf, steht auf Statussymbole, kann hart arbeiten, sehr effizienzgetrieben, bildet sich weiter; siehe Avatar.

## Pull und Push Marketing
Strategie

Unter Push Marketing bezeichnet man alle Marketingaktivitäten, bei denen versucht wird das Bedürfnis aktiv zu wecken. Das können Out of Home Kampagnen sein, Display Werbung oder Flyer. Pull Marketing Aktivitäten sind Maßnahmen, bei denen ein potenzieller Kunde schon ein Bedürfnis hat und danach sucht. Bei der Pull-Strategie recherchiert und sucht die Kundschaft eigenständig im Internet nach Produkten. Das Interesse geht hier von Personen aus. Um so wichtiger für Unternehmen ist es daher, sichtbar im Netz zu sein, informative und zielgruppengerechte Inhalte beispielsweise auf der Internetseite anzubieten und vor allem schnell auf Kundenwünsche zu reagieren.

## Retargeting
*Werbeform*

Es handelt sich um ein Instrument des Onlinemarketing, mit dem Nutzer nach dem Besuch einer Website auf anderen Sites erneut angesprochen werden. Passend zu den vorherigen Aktionen des Nutzers, z. B. das Ansehen oder der Kauf eines bestimmten Artikels, können die Anzeigen dann angepasst werden und spezielle Angebote bewerben, die auf das Nutzerinteresse ausgerichtet sind. Im Idealfall besucht dieser die ursprüngliche Site erneut und führt dort die gewünschte Aktion (z. B. Kauf oder eine Anmeldung) aus.

Beispiele:

Anbieter wie Adroll und Criteo.

## Right of first refusal (ROFR)
*Recht*

Das Vorkaufsrecht (ROFR), auch als erstes Verweigerungsrecht bezeichnet, ist ein vertragliches Recht, ein Geschäftsgeschäft mit einer Person oder einem Unternehmen abzutreten, bevor irgendjemand anders dies kann. Wenn die Partei mit diesem Recht sich weigert, eine Transaktion einzugehen, ist es dem Schuldner frei, andere Angebote zu unterhalten.

## ROAS / ROI
*Kennzahl*

Der ROAS ist ein Akronym für Return on Advertising Spend. Dieser Wert definiert den tatsächlichen Gewinn pro Werbeausgabe in absoluten Euros. Beim Online Marketing verwenden wir zuerst immer den ROI (Return on Investment). Der ROI zeigt das allgemeine Verhältnis von Umsatz zu Kosten an. Der ROAS ist noch detaillierter und bezieht sich ganz konkret auf einzelne Werbeanzeigen, zeigt also den Gewinn dieser einzelnen Marketingaktivität an.

Beispiele:

ROI: 5.000 Euro Werbebudget erzielen 8.000 Euro Umsatz. Der Gewinn beträgt also 3.000 Euro. ROI = (3.000 / 8.000) x (8.000 / 5.000) x 100 = 0,6 %.

ROAS: 250.000 Euro Umsatz bei Kosten von 100.000 Euro. Werbebudget 20.000 Euro. ROAS = (250.000 - 100.000) / 20.000 x 100 = 750 %

## Roadmap
*Projektplan*

Die Roadmap ist ein seit Anfang der 2000er-Jahre auch im deutschen Sprachraum verbreiteter Anglizismus, der in manchen Milieus – insbesondere in Wirtschaft, Politik und Medien – gerne als Synonym für eine Strategie oder einen Projektplan verwendet wird.

## ROPO
*Kaufverhalten*

Die Abkürzung ROPO steht für „Research online, purchase offline", was so viel bedeutet wie „Online recherchieren, offline erwerben". Der ROPO-Effekt beschreibt den Prozess, bei dem sich der Käufer zunächst im Netz über ein Produkt informiert, den Kauf jedoch im stationären Handel tätigt. Im Netz werden Produkte gesucht, Preise verglichen und Rezensionen studiert, bevor man sich auf den Weg in die entsprechende Filiale macht. Dieses Phänomen nennt man auch Webrooming.

## Run Rate
*Kennzahl*

Der englische Begriff Run Rate bezeichnet ein hochgerechnetes Jahresergebnis. Die Zwischenergebnisse der Erfolgsrechnung werden dabei schlicht und einfach auf den längeren Zeitraum ausgedehnt.

## Run Way Rate
*Kennzahl*

Wie lange kann mein Start-up bei der aktuellen Burn Rate bestehen, bevor es Insolvenz anmelden muss?

## SAAS
*Software*

Bei Software-as-a-Service kann der Kunde eine Software-Anwendung online gegen eine Gebühr nutzen. Das Modell der Software-as-a-Service (SaaS) ist Teil des großen Konzeptes „Cloud-Computing". SaaS ist dem Konzept des Application-Service-Provider (ASP) sehr ähnlich und funktioniert, indem der Kunde mit einer bereitgestellten IT-Software-Anwendung online nutzen kann, wie eine Art Dienstleistung. Für die Nutzung der Anwendung zahlt er Gebühren an den Provider, der die Software für ihn bereitstellt. Der Vorteil liegt für den Anbieter in der einfachen Skalierbarkeit.

Beispiele:

Personio bietet HR-Software als SAAS Lösung an.

## Sales and Lease Back
*Liquiditätsstrategie*

Sale and lease back ist eine besondere Form des Leasings und steht nicht umsonst bei vielen Mittelständlern hoch im Kurs. Dabei kauft die Leasinggesellschaft ein Objekt von einem Unternehmen, wird somit Eigentümer und aktiviert das Wirtschaftsgut in ihrer Bilanz. Mit dem Unternehmen wird anschließend ein Vertrag geschlossen. Das Leasinggut, beispielsweise eine Maschine oder ein Nutzfahrzeug bleibt beim Leasingnehmer, sodass dieses weiter unverändert genutzt werden kann. Statt Zinsen und Tilgung für einen Kredit zahlt das Unternehmen künftig eine Leasingrate an die Leasinggesellschaft.

Beispiele:

Sale and Lease back wird auch bei Immobilien genutzt, um Liquidität zu gewinnen, indem z. B. die Immobilie verkauft wird, gleichzeitig aber ein Mietvertrag schließt.

## SEA
*Online Marketing*

Als Suchmaschinenwerbung oder auch SEA (Search Engine Advertising) bezeichnet man die Platzierung von Anzeigen auf den Ergebnisseiten von Suchmaschinen wie Google. Üblicherweise sind das Anzeigen in Textform, die Angebote bewerben, die zur jeweiligen Suchanfrage des Nutzers passen. Bei den Google-Ad-Anzeigen muss der Websitebetreiber für jeden Klick eines Nutzers an Google zahlen. Das Ganze läuft per Bietverfahren, das heißt, man bietet Google z. B. 70 Cent für einen Klick an, wenn Google das Angebot zu einer ganz bestimmten Suchphrase anzeigt. Man wirbt also immer auf Keywörter per Auktion. In den Suchergebnissen kann aber auch eine Google-Shopping-Box angezeigt werden, welche auch als Anzeige gekennzeichnet ist. Aufgrund der Tatsache, dass immer mehr Selbstständige SEA nutzen und mittlerweile jede Agentur SEA Dienstleistungen für Unternehmen anbietet, sind die Klickpreise massiv gestiegen. Lebensversicherer zahlen z. B. bis zu 100 Euro pro Klick. Da man unterschiedliche Kampagnen fahren sollte, z. B. nach Produkten, Beschaffenheiten, Marken etc. und zu jeder Kampagne es mehrere A/B Testanzeigen geben sollte, werden häufig SEA Manager damit beauftragt, da pro Produkt schnell mehrere Tausende Datenpunkte existieren.

Beispiele:

Auf das Keyword „Fahrrad" zu werben macht wenig Sinn, das Keyword ist generisch, wir wissen nicht, ob derjenige ein Fahrrad kaufen will, leasen, sich informieren usw. Umso generischer ein Keyword ist, umso mehr Wettbewerb gibt es darauf. Daher ergibt es für lokale Unternehmen Sinn, die Keyword-Kampagnen lokal zu begrenzen (z. B. Radius 30 km um meine Filiale herum; „Geo-Tarketing). Als Shopbetreiber geht es eher um sogenannte Longtail-Transaktionsnale-Keywörter. Das sind Suchphrasen mit Kaufaffinität, z. B. Rotes Fahrrad 22 Zoll aus Bambus kaufen. SEA ist eine eigene Wissenschaft und jeder Unternehmer sollte diese Wissenschaft verstehen. Zu oft sehe ich, dass Unternehmer diese Positionen outsourcen oder Mitarbeitern ohne Erfahrung diese Aufgabe übergeben. Der fatale Fehler: Wir bieten auf eine Suchphrase mit dem Wettbewerb. Umso mehr Produkte und Dienstleistungen, umso mehr Datenpunkte. Schnell kommen Hunderttausende zusammen. Bietet man zu wenig, bekommt der Wettbewerber den Zuschlag und wird angezeigt. Aber noch schlimmer: Bieten wir zu viel, kann es sein, dass wir den Kunden auch preiswerter akquirieren hätten können.

### Secondary
*Unternehmensverkauf*

Dabei verkauft in der Regel nur der Investor seine Anteile und nicht das Gründungsteam. Die Unternehmens-Anteile werden nicht – wie beim Trade Sale – an einen strategischen Investor übertragen, sondern an einen Finanzinvestor. In der Regel handelt es sich um Venture-Capital-Gesellschaften, die sich mit einem hohen Betrag an jungen Wachstumsunternehmen beteiligen mit der Aussicht, nach einem vereinbarten Zeitraum mit einer möglichst hohen Rendite wieder auszusteigen.

Beispiele:

Ein Business Angel hält 10 % an einem Start-up und die beiden Gründer jeweils 45 %. Nun möchte ein VC investieren und ist bereit, sich mit einer Million Euro für 10 % zu beteiligen. Der Business Angel verkauft nun seine Anteile an den neuen VC.

## SEO
*Online Marketing*

Als Suchmaschinenoptimierung oder auch SEO (Search Engine Optimization) bezeichnet man alle Maßnahmen, die dazu geeignet sind, die Platzierung einer Website durch Relevanz und ohne Werbebudget in den organischen Suchergebnissen von Suchmaschinen zu verbessern. Der Google-Algorithmus kennt über 250 Kriterien, welche sich in vier Überkategorien einordnen lassen:
OnPage: Meta Titel, Meta Discription, H1 Überschriften, Keyword Clustering, Relevanz, Quellen Statistiken, URL, Linkjuice, Verzeichnis etc. Offpage: Backlinks, natürliches Linkverhalten, Do oder No follow Links etc. Technik: Ladegeschwindigkeit, mobile Optimierung etc. Usability: Nutzerverhalten, Verweildauer, Klickpfad etc.

SEO ist ein langfristiger Prozess. Erfolge, also verbesserte Platzierungen, stellen sich oft erst nach Tagen oder Monaten ein. Denn mit einer einmaligen Optimierung ist es nicht getan. Die Suchmaschinen entwickeln ihren Algorithmus stetig weiter und erhalten neue Updates. Auch kann es sein, dass deine Seite superoptimiert ist, aber ein Wettbewerber seine Seite noch besser optimiert hat und dein Inhalt zu bestimmten Themen Rankings verlieren, obwohl du alles richtig gemacht hast. Durch diese Updates erfolgt eine erneute Optimierung der

Website. Zusätzlich ist auch ein starker Konkurrenzkampf vorhanden. Damit lässt sich eine sichere Platzierung nie auf Dauer garantieren, ohne weitere Optimierungsmaßnahmen umzusetzen. Es gibt Tausende Tools, ich selber arbeite mit CrazyEgg, Sistrix, Pagerankers, Keywordplaner, Xovi etc.

Beispiele:

Whiskey.de macht über 25 Millionen Euro GMV nur mit organischen Inhalten. Der Shop besteht ausschließlich aus relevanten Contentinhalten in Form von Verkostungen, Herkunftsvideos, Community Content usw.

## Sidepreneur
*Gründer*

Ein Sidepreneur ist jemand, der nebenberuflich selbstständig ist und den Traum von der eigenen Selbstständigkeit mit der Sicherheit des Daseins als Angestellter verbindet. Für viele Gründer ist dies die beste Möglichkeit, einfach mal etwas auszuprobieren, ohne viel persönliches Risiko einzugehen. Der Angestelltenjob finanziert dabei den kompletten Lebensunterhalt.

## Social Proof
*Markterprobung*

Laut Wikipedia ist Social Proof ein psychologisches und soziales Phänomen, bei dem sich Menschen zur Beurteilung richtigen und falschen Verhaltens in einer bestimmten Situation auf die Bewertungen und Handlungen anderer Menschen verlassen. Social Proof ist also eine Art „Beweis", beispielsweise in Form von Bewertungen, dass andere Personen sich für ein Produkt oder eine Dienstleistung entschieden haben, was weitere Menschen ermutigt, es ihnen gleichzutun. Beim Onlineshoppen stärkt Social Proof das Vertrauen anderer Verbraucher. Kunden fühlen sich beim Einkauf in einem Onlineshop wohler, wenn sie wissen, dass andere Menschen dies schon vor ihnen getan und dabei positive Erfahrungen gemacht haben. Formen: Kundenbewertungen, Testimonials (Promis), Likes, vertrauenswürdige Symbole wie Trusted Shops, Studien etc.

Beispiele:

Urlaubsmarktplätze zeigen oft an, wie viele User sich die Reise auch aktuell angucken oder gekauft haben.

## Solopreneur
*Gründer*

Dies bezeichnet eine Person, die unternehmerisch handelt, also Chancen erkennt und mutig ergreift – und das allein und ohne Team. Geprägt wurde der Begriff Solopreneurship in den USA.

## Spin-offs
*Gründung*

Das sind Unternehmensgründungen der Universität bzw. Unternehmen, an denen die Universität direkt oder indirekt beteiligt ist. Wesentlich dabei ist, dass die Gründung auf Basis von neuen wissenschaftlichen Verfahren oder der Nutzung von Forschungsergebnissen der Universität beruht. Spin-offs werden meist aus wissenschaftlichen Erkenntnissen gegründet und direkt von der Uni aus evaluiert.

## Sweat Equity
*Gründung*

Sweat Equity bezeichnet die Eigenleistung, die ein Gründer in seine Idee investiert, um aus ihr ein funktionierendes Unternehmen zu machen. Da diese Leistung zum Teil lange Arbeitstage, schweißtreibende Momente und durchgemachte Nächte mit sich bringen, wird Sweat Equity bei einer erfolgreichen Gründung in Form von Unternehmensanteilen verrechnet, welche gegebenenfalls bei einem Exit übertragen werden.

## SWOT
*Analyse*

Analysiert werden Merkmale eines Unternehmens wie Stärke (Strength) oder Schwäche (Weakness), aber auch Merkmale, Trends und Entwicklungen im Markt oder Umfeld des Unternehmens werden als Gelegenheit, Möglichkeit, Potenzial oder Chance (Opportunity) oder als Bedrohung, Gefahr oder Risiko (Threat) bewertet, je nachdem, ob die positiven Möglichkeiten oder die negativen Bedrohungen für das Unternehmen überwiegen. Die Merkmale und ihre Bewertung werden in einer Tabelle oder Matrix dargestellt. Die Ergebnisse der SWOT-Analyse sollen dem Management helfen, Handlungsfelder der Strategieentwicklung zu finden, die richtigen Potenziale zu nutzen und Gefahren zu erkennen und einzugrenzen.

## Term Sheet
*Vertragsverhandlung*

Das Term Sheet ist eine schriftlich festgehaltene Absichtserklärung zweier Akteure, mit der diese ihr grundlegendes Interesse an einer Transaktion niederlegen und den Kaufpreis, die Struktur der Interaktion sowie das weitere Vorgehen skizzieren. Die im Term Sheet vorliegende Absichtserklärung ist zwar rechtlich gesehen nicht verbindlich, dennoch gehört es zu den Gepflogenheiten der Praxis, sich an die Bestimmungen und Bedingungen eines gemeinsam erarbeiteten Term-Sheets zu halten und während der weiteren Zusammenarbeit nicht grundlos davon abzuweichen. Rechtlich verbindlich sind meist die Vereinbarungen zur Vertraulichkeit der Zusammenarbeit und der ausgetauschten Informationen (Non-Disclosure Agreement oder auch NDA) und die Exklusivität der Verhandlungen.

Beispiele:

Inhalte: Konzept, Finanzierungsabsicht, Ausschüttungspolitik, Anstellungsverträge für Geschäftsführer, Finanzierung, Darlehen, Mitveräußerungspflichten, Mitveräußerungsrechte, Call- und Put-Optionen, das Mehrheitsverhältnis und Fälle für Ausstiege.

## Testimonials
*Marketing*

Unter dem Begriff Testimonial (deutsch: Empfehlung) versteht man Werbung, bei der bekannte Persönlichkeiten ein Produkt weiterempfehlen und dafür werben. Durch die Bekanntheit wirkt die Botschaft der Werbung glaubhafter und vertrauter. Die Marke wird gestärkt, die Positionierung wird klarer, das Image des Promis kann auf die Marke adaptiert werden und die Glaubwürdigkeit für das Angebot steigt.

Beispiele:

Thomas Gottschalk für Haribo

## Track Record
*Investoren*

Der Track Record beschreibt eine individuelle Referenzliste, die über die Erfolge von den getätigten Investitionen eines Investors berichtet. Hier werden also alle Beteiligungen dokumentiert und bewertet. Der Track Record sagt aber nicht nur aus, wie erfolgreich investiert wurde, sondern auch, welche Erfahrungen gesammelt wurden, z. B. ob der Investor ein Neuling ist, Branchenerfahrung aufweist, selbst gegründet hat, welches Netzwerk er aufweist etc. Weiterhin dient es als eine Art Aushängeschild.

Beispiele:

Samwer Brüder: Rocket Internet, Jamba, Alando, StudiVZ, Brand4Friens, Zalando usw.

## Unicorn
*Marktkapitalisierung*

Die wichtigste Bedingung, um den Status des Unicorn-Start-ups zu erhalten, ist die Firmenbewertung von Investoren mit mindestens 1 Milliarde US-Dollar. Diese muss jedoch erfolgt sein, ehe das Unternehmen an die Börse geht. Der Begriff Unicorn (Einhorn) wurde gewählt, weil es statistisch wahrscheinlicher ist, ein Fabelwesen zu treffen, als eine solche Firmenbewertung zu generieren. Erfunden wurde die Definition von Aileen Lee, Gründerin von Cowboy Ventures im Jahr 2013.

## Usability
*Nutzerverhalten*

Usability übersetzt man am besten mit
Gebrauchstauglichkeit oder Benutzerfreundlichkeit.
Usability bezeichnet das Ausmaß, in dem ein Produkt,
System oder Dienst durch bestimmte Benutzer in einem
bestimmten Anwendungskontext genutzt werden kann,
um bestimmte Ziele effektiv, effizient und
zufriedenstellend zu erreichen. Gute Usability wird in der
Regel gar nicht explizit wahrgenommen, schlechte
hingegen schon.

## USP
*Alleinstellungsmerkmal*

Der Begriff USP (Selling Point) bezeichnet im Marketing ein
einzigartiges Nutzenversprechen, mit dem sich ein Produkt
oder eine Dienstleistung gegenüber gleichartigen
Angeboten der Mitbewerber abhebt. Der USP wird auch
mit einem Alleinstellungsmerkmal gleichgesetzt. Sobald ein
Markt homogen erscheint, ergibt es Sinn, den USP an die
Zielgruppe zu kommunizieren. Im Marketing unterscheidet
man dabei Basisnutzen (Ziegel für das Dach), Zusatznutzen
(Marder können darauf nicht laufen) und USP (hält
zehnmal länger oder einfacher zu reinigen).

Beispiele:

Das USP sollte eng mit der spitzen Positionierung
verwurzelt sein. Anstatt der zehnte Dachdecker in der
Stadt zu sein, würde ich mich eher spitz als Experte für
Reetdach positionieren. Dadurch entsteht weniger
Wettbewerb und man wird als Experte wahrgenommen.

Man kann Social Media nutzen mit Inhalten wie „die schönsten 10 Reetdachhäuser Schleswig-Holsteins oder worauf achten beim Reetdach Kauf? Dann ergänzt man die Positionierung noch mit dem USP wie 2 Jahre Wartung inklusive Preis- und Zufriedenheitsgarantie und kostenfreie Blitzableiter Anlage …

## Vakant
*Fremdwort*

Verfügbar, frei, noch zu haben

## Vendor
*Amazon*

Bei Amazon kann ein Händler über den Marktplatz verkaufen, indem er selber die Logistik löst oder per FBA (Full Filement bei Amazon) Amazon die Logistik und die Lagerung übernehmen lässt. Solche Verkäufer nennen sich Seller und werden als Third Party Teilnehmer bezeichnet. Sie verkaufen auf eigene Rechnung. Anders sieht das beim Vendor Programm aus. Über eine Einladung von Amazon kann man zum First Party Teilnehmer werden. Meistens werden bekannte Marken eingeladen. Nun ist man nicht mehr Händler, sondern Lieferant an Amazon. Man verkauft als Vendor also seine Ware direkt an Amazon anstatt an die Endverbraucher selbst. Die Bestellmenge des Lieferanten wächst meistens, jedoch besitzt nun Amazon die Verfügungsgewalt über Markenauftritt (z. B. neue Amazon Marke), Preis (vielleicht so niedrig, dass andere Händler von dir sich beschweren) und Marketing. Hier muss man auch unbedingt darauf hinweisen, dass der Vendor Manager nicht alle Nachteile bilateral bei den Verhandlungen preisgibt. Die Verkaufsanalysen sind kostenpflichtig, man hat kein Kundenfeedback, keine

Kontrolle über Preis und Absatzmengen, kein Mitspracherecht, sehr viele und kleine Lieferungen pro Woche an unterschiedliche Lagerorte, Zahlungsziele von bis zu 120 Tagen und zum Schluss eine enorme Abhängigkeit von Amazon selber.

## Vesting Klausel
*Gründer-Klausel*

Für Investoren ist es wichtig, dass die Gründer ihre Arbeitskraft dem Start-up auch nach dem Investment zur Verfügung stellen und sich nicht passiv zurückziehen. Sogenannte Vesting Klauseln sollen dies verhindern. Durch sie wird die Gesellschafterstellung der Gründer für eine bestimmte Dauer (Vesting Periode) davon abhängig gemacht, dass sie dem Start-up auch nach dem Investment ihre Tätigkeit zum Beispiel als Geschäftsführer zur Verfügung stellen.

Beendet der Gründer seine Tätigkeit bei dem Start-up in der Vesting Periode, muss er seine sämtlichen Geschäftsanteile oder zumindest einen Teil davon abgeben. Für die abzugebenden Geschäftsanteile erhält der ausscheidende Gründer eine Abfindung. Die freien Geschäftsanteile können dann etwa einem neuen Geschäftsführer als Incentive angeboten werden.

## Wandeldarlehen
*Finanzierungsform*

Wandeldarlehen gehören zu den sogenannten mezzaninen Finanzierungsformen, da sie zunächst als fest verzinstes Fremdkapital (Darlehen) ausgegeben werden und später in den meisten Fällen zu Eigenkapital, sprich Anteile am Unternehmen, gewandelt werden. Der Kreditgeber hat also die Möglichkeit, entweder sein Geld inkl. festgelegten Zins zurückzuverlangen oder den Kreditbetrag in ein vorher vereinbartes Verhältnis in Anteilen zu wandeln. Was früher noch als schlechtes Zeichen galt (das Start-up hat keinen direkten Investor) und für kurzfristige Liquiditätsengpässe verwendet wurden, genießt heutzutage immer mehr Beliebtheit.

## Wegezoll
*Online Marketing*

Damit ist gemeint, dass viele Geschäftsmodelle von Google oder Amazon abhängig sind, also der Gewinner nicht das Start-up ist, sondern in der Makroebene immer die Plattform, die den Kunden durch Bietverfahren auktioniert. Um langfristig Akquisekosten zu sparen, werden eigene Kanäle mit eigenem Kundenzugang immer wichtiger, denn Klickosten können steigen, der Algorithmus kann sich ändern oder der Wettbewerb treibt die Klickpreise in die Höhe.

## White Label
*Geschäftsmodell*

Ein White-Label-Produkt ist ein Produkt, das unter verschiedenen Namen beziehungsweise Marken angeboten wird, jedoch zumeist nicht von dem Unternehmen, welches es ursprünglich hergestellt hat. So können beispielsweise Dienste von einem Anbieter auf der eigenen Webseite platziert werden, ohne dass der Kunde die andere Marke wahrnimmt, kausal den Dienst als eigenen wahrnimmt.

Beispiele:

Finanzcheck.de bietet seinen Kreditvergleich als Software anderen Finanzmarklern an.

## WKZ

*Werbekostenzuschuss*

Grundsätzlich sind dies Geldbeträge, welche Handelsunternehmen vonseiten der Hersteller erhalten, um die Marke des Herstellers zu priorisieren. So wurde dies zumindest früher bezeichnet. Heutzutage würde ich es anders definieren. Mit dem WKZ versuchen Hersteller in der Aufmerksamkeitsökonomie reichweitenstarke Zielgruppen ohne eigenen Kundenzugang mit der Marke zu penetrieren.

Beispiele:

About You hat seine About You Awards (die größte Influencer Award Show im Fernsehen und in den sozialen Medien) mit WKZ refinanziert. Dadurch ist die Show von Anfang an profitabel.

## Danke

Vielen Dank für Deine Lebenszeit, die du zum Lesen dieses Buches investiert hast. Gerne möchte ich in Erfahrung bringen wer sich mit diesem Content auseinandersetzt, daher freue ich mich über jeden Kontakt per Linkedin „Tom Illauer" oder wenn du weitere Contentinhalte von mir konsumierst...

Podcast:         Plattformökonomie & GAFA News

Podcast:         Wer verdient was...?

Webseite:        tom-illauer.de


Danke und liebe Grüße,

Dein Tom Illauer